U0446882

数字化供应链实战
商业模式创新与企业转型升级

赵先德　著

中信出版集团｜北京

图书在版编目（CIP）数据

数字化供应链实战：商业模式创新与企业转型升级 / 赵先德著 . -- 北京：中信出版社，2025.3. -- ISBN 978-7-5217-7433-7

Ⅰ . F279.23-39

中国国家版本馆 CIP 数据核字第 20255PC166 号

数字化供应链实战：商业模式创新与企业转型升级
著者：　　赵先德
出版发行：中信出版集团股份有限公司
　　　　　（北京市朝阳区东三环北路 27 号嘉铭中心　邮编　100020）
承印者：　河北鹏润印刷有限公司

开本：787mm×1092mm 1/16　　印张：15.75　　字数：183 千字
版次：2025 年 3 月第 1 版　　　　印次：2025 年 3 月第 1 次印刷
书号：ISBN 978-7-5217-7433-7
定价：78.00 元

版权所有·侵权必究
如有印刷、装订问题，本公司负责调换。
服务热线：400-600-8099
投稿邮箱：author@citicpub.com

推荐序一

供应链革命：新发展格局下的新机遇

汪泓

中欧国际工商学院院长

横店集团管理学教席教授

作为国际学术界公认的供应链管理研究领域的领军者，赵先德教授长期致力于将国际最前沿的学术研究和先进的教学方法介绍给国内学者并使其应用于中国企业实践，也帮助传播中国企业的最佳实践，深受商学院学生、管理学界学者及企业家的爱戴。

这本新书理论根基扎实且深入浅出，产业场景多样且前瞻性强，实战案例鲜活翔实，总结视角独到且见解深刻，是凝结了赵教授40余年科研心血之作，也是中欧供应链创新研究院多年来产学研互动成果的精华。要想了解中国企业数字化供应链与商业模式创新实践之精髓，这本书是最佳选择之一。

当今世界正处于百年未有之大变局，产业链、供应链的安全稳定是构建新发展格局的重要基础。中国作为全球供应链区域中心之一，在供应链规模、供应链配套、供应链基础设施建设等方面具有独特优势。虽然当前外部环境的复杂性和不确定性的上升给我们保持产业链、供应链的稳定畅通带来了巨大挑战，但新一轮科技革命和产业变革的加速演进也开辟了新赛道，带来了新机遇。赵教授的这本新书为中国企业如何抢抓发展新质生产力的新机遇，打造具有竞争力的数智化供应链，提供了量身定制的管理思想指导和极易落地的管理实践经验。

依托"中国深度、全球广度"的精准定位，中欧国际工商学院一直秉持学术上的卓越、商业的关联性和积极的社会意义，致力于培养勇于承担社会责任的具有全球影响力的领导者，促进管理知识的创造与传播，从而推动中国经济与社会的发展。以赵教授为代表的中欧国际工商学院教授团队，通过独特的"实境教学法"等方法，让学生们真正理解所学的理论与概念，并将其灵活运用于商业实践中。通过沿袭和升华这一教学方式，我相信，这本书将帮助企业家全面构建现代供应链管理理论体系与创新实战能力，有效推动中国供应链、产业链的优化升级，提高其整体竞争力和韧性，为中国供应链造福世界贡献力量。

推荐序二

如何打造"全攻全守型"供应链

李效良
美国国家工程院院士
斯坦福大学商学院荣休教授

随着现代供应链的发展及现代组织形式的革新,以及互联网和信息技术的发展,供应链的内涵和外延都更加丰富,急需一个更加宏观的视角,一个针对企业层面、产业层面、国家层面供应链全局的视角,一个能够与商业模式、企业及产业转型升级等概念融合发展的视角。我有幸看到,赵先德教授的这本新书正是基于这些视角展开的波澜壮阔的华章,它正当其时,适得其势。它对于中国供应链与运营管理理论的提炼有重大意义和贡献。

如同一支足球队,现代供应链必须同时具备"防守"与"进攻"的能力,其中,"防守"是指传统供应链管理中被强调的降本增效,"进攻"是指供应链管理新思维中被看重的通过产品和服务组合创造价值。供应链管理是整个业务战略的重要组成部分,并且以敏捷性(agility)、适应性(adaptability)、协作性(alignment),即3A的方式将数字化技术嵌入供应链运作。某国际供应链公司组织的一项针对全球首席供应链官的调查表明,大数据分析工具、物联网和云计算是供应链中颠覆性排名前三的数字化技术，但这些技术的嵌入也意味着相应的挑战——缺少整体的路线图是企业数字化供应链转型道路上的最大障碍，而寻找、雇用和留住供应链人才是企业在供应链建设过程中面临的首要人才挑战。应对好了这些障碍和挑战，企业才能在立足"防守"（卓越运营）的同时，向"进攻"（利用数字化技术创造价值和长期收益）突破，使供应链实现全攻全守。

赵教授的新书，与我的"全攻全守型供应链"的思路不谋而合，数字化转型并非一蹴而就，必须以卓越的供应链能力为基础和支撑，"防守"与"进攻"并举。这本新书中特别总结了中国企业转型升级路径的特征，这在我看来尤为珍贵。这表明数字化转型，是一步一个脚印的漫长的供应链管理进阶的过程。正所谓"合抱之木，生于毫末；九层之台，起于累土"。有了诸如流程再造和卓越运营的功夫，数字化转型之旅才能够事半功倍，整个价值链才能连接起来，实现超敏捷性。

虽然中国企业的供应链发展总体上还处于从信息化走向智慧化的征途之中——自动化技术等先进技术还需进一步破壁，物流技术在决策优化、服务创新等方面的用途也尚待进一步发掘——但我相信，这部著作将有力推动中国企业的供应链创新实践，我也坚信，中国企业定会为世界的供应链管理带来引领性的、颠覆性的创新。

推荐序三

启发和引领中国企业走向成功的数字化供应链转型升级之路

蔡进

中国物流与采购联合会会长

当前,世界各国对供应链主导权的竞争日趋激烈,美国发起贸易战表面上是四处出击、平衡贸易逆差,实际上是争取全球供应链的主导权。改革开放40多年来,中国以积极的方式融入全球分工体系,正在从高速发展进入高质量、内涵式发展阶段,而培育以数字化技术驱动的现代供应链,将其作为经济发展的新动能,是我国实现高质量发展的必由之路。

赵先德教授这部著作的出版可谓恰逢其时,众望所归。

变革供应链及创新相关商业模式,在理论和实践两方面都任重道远。首先,这不仅仅是方法的应用和变革,更主要的是思维模式的转变——从原本强调可靠、高效、安全的供应链,转变为强调更加敏捷、柔性、可定制化、符合消费者需求的供应链。这部著作将有助于革新我们有关供应链的思维模式,帮助我们建立对于现代供应链全面而深刻的认识。

其次,供应链的转型升级需要同消费升级结合起来。供给侧结构性改革可以分三步走：去产能、去库存，降低成本，消费升级。而当前的消费升级有两大趋势：科技进步背景下的消费升级，日常消费背景下的柔性化和定制化。在这部著作中，我们将领略最前沿的供应链创新如何与数字化技术及用户需求紧密融合，顺势而为地开辟商业模式新天地。

最后，发展现代供应链，不仅仅要关注企业供应链的创新，更要从战略层面实现产业之间、地区之间、国家之间的供应链协同融合、互联互通。中国要在当今去全球化的新背景下参与全球治理，一个重要支撑就是供应链宏观体系。这是一种时代要求，是供给侧结构性改革和社会主义现代化体系中非常重要的内容。当前，国家正在积极颁布供应链发展利好政策，着力创新一批适合我国国情的供应链技术和模式，构建一批整合能力强、协同效率高的供应链平台，培育一批行业带动能力强的供应链领先企业，形成一批供应链体系完整、国际竞争力强的产业集群，总结一批可复制推广的供应链创新发展和政府治理实践经验。在此鼓舞人心的背景下，赵教授的这部著作将成为一盏指路明灯，启发和引领诸多中国企业走向供应链转型升级之路，共同铸就我国供应链核心竞争力。

推荐序四

卓越供应链——乌卡时代企业笃行致远的引擎

胡伟

京东集团战略执行委员会（SEC）委员

京东物流首席执行官

在世界经济充斥着易变性（volatility）、不确定性（uncertainty）、复杂性（complexity）和模糊性（ambiguity）之时，供应链管理已经成为企业稳健运行的引擎和定心丸。如何通过供应链能力为企业的可持续发展提供动力，已然成为每一位企业高管必须面对的重要课题。赵先德教授的《数字化供应链实战：商业模式创新与企业转型升级》一书，恰如其分地回应了这一需求，以深刻而系统的视角，揭示了如何在复杂的市场中打造卓越的供应链能力。

作为京东的高管，我深刻认识到卓越的供应链能力对企业成功的影响。供应链不仅是企业运营的血脉，更是企业创新与服务客户的关键所在。京东在供应链管理方面的创新实践，充分体现了卓越供应链如何推动企业的发展与转型。我们的成功经验表明，现代供应链管理不仅是提升竞争力的关键，同时也是构建生态圈、实现多方共赢的基础。

作为中国领先的电商企业，京东多年来持续推进供应链的数字化建设，为行业树立了新的标杆。在采购环节，京东利用大数据分析市场趋势和消费者需求，精准预测商品的需求量，优化采购计划，降低库存风险。在库存管理方面，京东的智能仓储系统能够实时监控库存状况，自动补货和调整库存结构，提高了库存周转率。在物流配送环节，京东智慧物流体系通过物联网技术，实现了对运输车辆、货物状态和配送路线的实时监控和调度，通过智能算法自动规划最优的配送路线。同时，京东还利用无人机和无人车等新技术，探索更为高效的物流方式。京东还与供应商共享供应链数据，实现了从生产、库存到销售的全流程可视化。供应商可以实时了解商品的销售情况和库存水平，及时调整生产计划，避免供需失衡。这种协同机制不仅提高了供应链的响应速度，也增强了供应商与京东的合作黏性。

京东的数字化供应链在可持续发展方面发挥了积极作用。它通过优化物流路线和库存管理，减少了能源消耗和资源浪费。智能包装和绿色物流的推广，降低了环境负担，体现了京东对环保的重视。此外，数字化供应链的透明度提高了商品的可追溯性，增强了消费者对商品品质的信任。

作为以供应链为基础的技术与服务企业，京东还致力于构建数智化的社会供应链基础设施，横向连接生产、流通、服务各环节，贯穿产业互联网和消费互联网的供应链全链条，将供应链能力服务于千行百业和最终消费者，大幅提升社会化协作和服务效率。

因此，企业若想持续发展，就必须不断创新与优化供应链管理。通过阅读这本书，掌握先进的供应链管理理念和技术，企业的决策者将能够在日新月异的市场中找到明确的定位，迎接未来的挑战。《数字化供应链实战：商业模式创新与企业转型升级》一书将成为每位企业领航者不可或缺的指南，帮助大家在不断变化的市场中掌握先机、开创新局。

目　录

第一章　没有供应链，就没有竞争力　001
　　什么是供应链管理　001
　　供应链管理的重要性　006

第二章　供应链中的战略选择与创新实践　019
　　ZARA 的供应链管理实战精髓　021
　　SHEIN 崛起背后的供应链创新之路　027
　　SHEIN（横向整合）与 ZARA（垂直整合）的对比　031

第三章　供应链创新驱动的制造业转型升级　033
　　高质量发展中的制造业转型升级　033
　　走向中国创造：制造业供应链创新的最佳实践　035
　　制造业供应链的创新路径与模式　058

第四章　供应链创新驱动的流通业转型升级　063

中国流通业转型升级的机遇与挑战　063
成为领导者：流通业供应链的最佳实践　065
流通业供应链的创新路径与模式　079

第五章　供应链创新驱动的零售业转型升级　083

新零售时代的零售业升级　083
拥抱新零售：零售业供应链的最佳实践　086
零售业供应链的创新路径与模式　108

第六章　供应链转型升级四阶段模型　113

第一阶段：被动和支持型供应链　113
第二阶段：主动和细分型供应链　118
第三阶段：智慧和体验型供应链　127
第四阶段：供应链 + 生态圈　134
对四个发展阶段的回顾　139
推动供应链管理进阶的实战能力　141
供应链管理的战略理论框架　146

第七章　供应链与商业模式创新　149

什么是商业模式？　149
流程创新与商业模式创新　153
如何建立基于生态圈的商业模式　156
供应链即服务　164
供应链战略升级支撑商业模式创新的最佳实践　172

第八章　供应链与数字化技术赋能　177
　　大数据时代的数字化技术趋势　177
　　技术赋能：打造卓越供应链能力　182
　　大数据收集、整合与分析　193
　　探索数字化转型升级之路　203

第九章　中国供应链创新的未来发展　209
　　供应链创新与新质生产力　209
　　以供应链创新推动企业转型升级　213
　　培养供应链创新人才　219
　　新质供应链：通过供应链整合创新提升产业竞争力　229

第一章
没有供应链，就没有竞争力

> 供应链是什么？
> 供应链非常重要，甚至可以说是企业持续发展的关键，为何有此说法？
> 本章将对此问题做出解答，帮助你形成对供应链的基本认识框架，并通过苹果公司的案例，带你领略现代供应链管理"点石成金"的魔法。

什么是供应链管理

库克的魔法

苹果公司是高科技企业的代表，也是目前全球市值最高的上市企业之一。长期以来，很多人心目中的苹果公司形象，都和史蒂夫·乔布斯的个人魅力紧紧捆绑在一起。他是苹果公司的创始人之一，是天才发明家和设计师，也是伟大的产品经理。很多大家耳熟能详的重磅科技产品，例如Apple II（第二代苹果电脑）、iMac（苹果台式电脑）、iPod（苹果数字多媒体播放器）、iPhone

（苹果手机）、iPad（苹果平板电脑）等，都出自乔布斯之手。这些产品在一定程度上塑造了现代人的生活方式。有人把乔布斯戏称为"乔帮主"或者"乔教主"，就是因为他有改变人类生活方式的力量，而且还不止一次地改变了人们的生活方式。

从"乔帮主"手里接班，显然不是一件轻松的事。2011年，乔布斯因病辞去苹果公司CEO（首席执行官）职位，他任命的继任者蒂姆·库克当时并不被很多人看好。人们甚至开始对苹果公司的未来表示悲观。大家不相信，这位此前很少抛头露面的新任CEO，在创新能力、产品能力和个人魅力上能够和乔布斯相提并论。因此，2011年8月消息发布当天，苹果公司股价盘后一度下跌7%。这折射出人们的担忧和悲观情绪。

转眼10多年过去，库克的任期已经超过了乔布斯。他的表现如何呢？

如很多人料想的一样，库克在创新和产品能力方面没有达到乔布斯的高度。除了推出Apple Watch（苹果手表）等智能穿戴设备外，产品创新的速度明显放缓了。iPhone历代机型的迭代速度，更被戏称为"挤牙膏"。但令人诧异的是，这并不妨碍苹果公司在库克时代赢得比乔布斯时代更加辉煌的商业成功（见图1-1）。

数据是最有说服力的。苹果公司2022财年全年营收3 943亿美元，相比库克刚接手之后的2012年增长88%；2022年净利润998亿美元，相较2012年增长285%。股市的表现则更加惊人：苹果公司总市值在库克接手时大约是3 490亿美元，2018年就突破了1万亿美元，2022年更是超过3万亿美元，站上了人

(万亿美元)

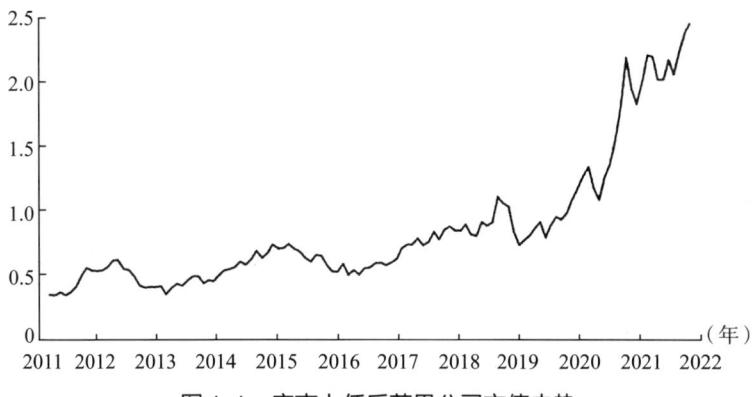

图 1-1　库克上任后苹果公司市值走势

注：数据截止时间为 2021 年 8 月 24 日。
资料来源：https://www.eetop.cn/communication/6953877.html。

类有史以来公司市值之巅。要知道，这一年 GDP（国内生产总值）超过 3 万亿美元的也只有美、中、日、德、英五大国而已。

库克究竟用什么魔法帮助苹果公司赢得了商业成功？主要是他的供应链管理能力。

1982 年，22 岁的库克大学毕业了。他毕业后的第一份工作，就是在 IBM 公司（国际商业机器公司）的 PC（个人计算机）事业部担任物料采购员。他的工作职责是确保零件供应商按时交付，让零件按时、保质、保量抵达装配线。他从一开始就和供应链结缘，并在 IBM 公司供应链体系足足工作了 12 年。

1998 年，库克在当时的全球头号 PC 制造商康柏负责采购和库存管理工作，被乔布斯挖到了苹果公司。这一年，苹果公司风雨飘摇，虽然产品不错，但运营一团乱麻。库克凭借他强大的供应链管理能力，在大家看不到的地方，给苹果公司换了血。拿对运营至关重要的库存周期①来说，乔布斯曾用尽浑身气力亲自负责管理，将苹果公司的库存周期从60天压缩到30天。而库克加入之后，仅仅用了8个月工夫，就将库存周期从30天压缩到了6天。而且库克再接再厉，仅仅一年之后，就将库存周期压缩到了惊人的2天，极端情况下甚至能压缩到2个小时。这不仅意味着降低成本、提高效率，还意味着可以更加灵活、机动地满足客户需求。

库克时代的苹果公司除了拥有世界一流的创新力之外，还拥有世界一流的供应链管理能力，后者便是库克的魔法。在美国信息技术研究和分析公司Gartner发布的年度全球供应链25强榜单中，苹果曾蝉联冠军8年。Gartner评价说："苹果公司定义了供应链'解决方案'的概念，以其创造需求的能力开拓了新的道路。"

苹果公司的商业成功，起初依靠的是乔布斯的创新神话，后来依靠的则是库克的魔法——供应链管理能力。伟大的创意催生产品，但产品若要高质量、低成本、快速度地生产出来，交付到客户/消费者手中，则要依靠卓越的供应链管理能力。乔布斯聚焦企业从0到1，库克却专攻企业从1到N。苹果公司是一个以卓越的供应链管理能力支撑企业基业长青的典型案例。

---

① 库存周期是指在一定范围内库存物品从入库到出库的平均时间。这个周期反映了库存物品在仓库中停留的平均时间，是衡量库存管理效率的重要指标。库存周期越短，意味着库存物品在仓库中停留的时间越短，这通常被视为库存管理效率较高的表现。

供应链管理的定义

库克的魔法体现在供应链管理方面，那么它到底是什么呢？

2017年10月13日，《国务院办公厅关于积极推进供应链创新与应用的指导意见》发布，将供应链界定为："以客户需求为导向，以提高质量和效率为目标，以整合资源为手段，实现产品设计、采购、生产、销售、服务等全过程高效协同的组织形态。"

供应链管理的定义随着时间和实践的发展而不断演变。最初，供应链管理主要关注企业内部各职能部门的管理和协调，后来逐渐扩展到包括供应商、制造商、分销商和最终用户在内的整个网络的管理。在现代供应链管理发展阶段，其核心在于通过优化网络中的信息流、物流、资金流等，实现成本降低、效率提高和客户满意度提升等目标。此外，随着技术的发展和市场竞争的加剧，供应链管理对于信息化、数字化和智能化因素越来越重视，对这些因素在提高供应链效率和响应速度方面的作用给予了越来越多的关注与强调。

以苹果公司的iPhone为例，库克带领团队需要解决的供应链管理问题，至少包括以下方面：

如何基于客户需求和市场变化组织研发活动？

谁来供应零部件？如何保证按时、保质、保量供应？

如何组织生产、降低成本、提高生产效率，是自己生产还是外包？

谁来销售？如何建立直营和分销网络？

如何对供应商、外包商、分销商等合作伙伴进行管理和控制？

如何提高元件和成品的物流效率？如何在各个环节之间实现信息有效共享？

如何及时掌握用户迅速变化的需求信息，并反馈到研发创新之中？

……

这些都是供应链管理实战中的常见问题。可以说，库克魔法带来的商业成功，正是这些问题得以妥善解决的结果。

供应链管理的重要性

对于企业来说，供应链管理既能解决问题，又能创造价值。卓越的供应链管理能力对企业生存发展和基业长青来说必不可少。现代商业竞争已不再是企业与企业之间的竞争，而是供应链与供应链之间的全方位竞争。

供应链管理的重要性体现在四个方面：第一，赢得客户订单。第二，提升股东回报。第三，助力可持续发展。第四，培育掌舵人才。下面逐一具体介绍。

赢得客户订单的利器

强大的供应链管理能力，能够帮助企业更好地赢得客户订单。面对竞争日益激烈的买方市场，卖家想脱颖而出，获得客户青睐，难度越来越大了。卖家要打败竞争对手，获得客户订单，必须从客户的角度考虑:"我可以给客户哪些竞争对手无法给予的好处？或者如何更好地解决客户的痛点，使得客户能够选择我的产品或服务，而非竞争对手的？客户把订单给我而没给竞争对手，是出于什么原因？是我的产品或服务价格更低，还是质量更好？客户关心的质量维度是什么？是产品的性能、可靠性、一致性、耐用性、特殊的功能性，还是外观？……"

企业如果想要赢得订单，就必须建立独特的供应链管理能力，能够为客户提供独特的产品或服务，在"订单赢得要素"方面比竞争对手做得更好。

"订单赢得要素"是什么？

在运营管理中，公司能够提供给客户竞争对手不能提供的要素，它们统称为"订单赢得要素"。"订单赢得要素"的内容非常丰富，可以概括为产品质量、服务、成本以及提前期四大维度。赢得客户订单的关键，就在于提高产品质量、改进服务、降低成本、缩短客户获得产品或服务的提前期，从而提升客户获得的整体价值。这样一来，赢得订单就不再是一门"玄学"，而是通过这些"订单赢得要素"，实现客户所获整体价值的最大化，从而引导他们做出决策（见图1-2）。

这四个维度的"订单赢得要素"，分别包括什么内容？

在产品质量维度，要努力满足客户要求，为客户提供实用的产品或服务；努力完善流程，减少流程的差异，并通过建立质量保证体系，持续改善质量。

在服务维度，要努力完善售前和售后服务，提供产品组合服务，满足客户定制化需求，适应市场变化。

```
                  ┌─ • 满足客户要求          ┌─ • 完善售前服务
                  │  • 提高产品实用度         │  • 完善售后服务
                  │  • 完善流程,最小化流程差异  │  • 提供产品组合服务
                  │  • 建立质量保证体系        │  • 满足客户定制化需求
                  │  • 持续改善质量           │  • 适应市场变化
                  │            产品质量  ×   服务
    价值  =  ─────┼─────────────────────────────────────
                  │            成本     ×   提前期
                  │  • 妥善设计产品和流程      │  • 上市时间
                  │  • 消除浪费             │    - 设计概念到样品交付
                  │  • 做好产品配送          │    - 订单下达到产品上架
                  │  • 优化行政管理          │  • 精心管理设计、制造、交付流程
                  │  • 控制库存             │  • 做好原材料采购
                  └─ • 控制原材料采购         └─ • 按预测数据,做好生产计划和
                                              库存决策
```

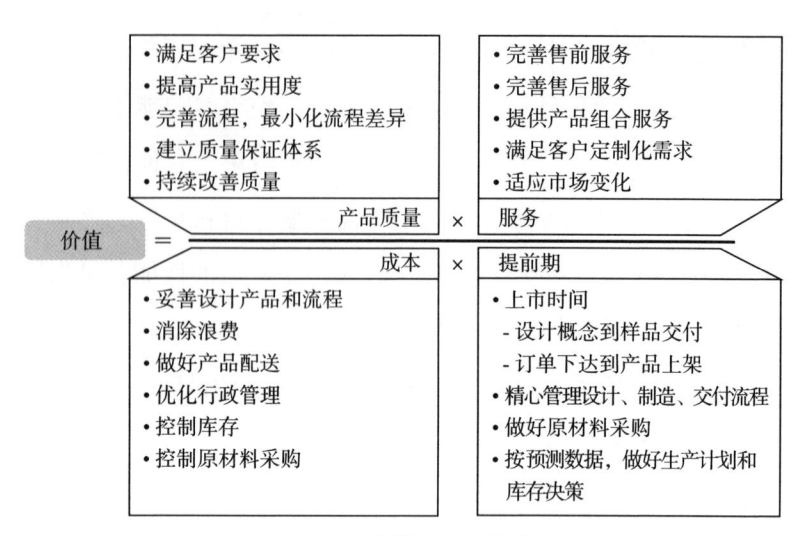

图1-2 价值最大化公式

注:本书图表,除特别说明资料来源外,均为作者根据有关资料整理。

在成本维度,要妥善设计产品和流程,消除浪费,做好产品配送,控制库存及原材料采购,优化行政管理,等等。

在提前期维度,要精心管理设计、制造、交付流程,按照预测数据做好原材料采购、生产计划和库存决策,减少从设计概念到样品交付的时间,压缩从订单下达到产品上架的时间,加快各环节速度,保证在提前期上的竞争力。

显然,对于企业运营管理来说,提高供应链管理能力,有助于企业在四个维度的"订单赢得要素"上争取良好表现。其中,能否缩短提前期,与供应链管理体系的整合水平和效率高低直接相关。其他几个维度,从产品质量、服务到成本,也在很大程度上受到供应链管理水平的影响。

如何应对"订单赢得要素"降级?

今天在市场上具备"订单赢得要素"的企业,有能力赢得客

户的订单，这是否就意味着可以高枕无忧了呢？并非如此。在激烈的市场竞争环境下，竞争对手也会不断改善自己的运营及供应链管理体系，从而使自己能够具备"订单赢得要素"。因此，如果一家企业不能持续增强自己的能力，随着时间的推移，当越来越多的竞争对手都能够提供原来只有这家企业能够提供的要素时，这些要素就会降级为更基本的"订单资格要素"，即多家企业都能够提供，且可以满足绝大多数客户的产品或服务需求所必须达到的最低要求或者标准。企业只有达到了这个标准，才有可能被客户考虑作为供应商。也就是说，"订单资格要素"的标准显然低于"订单赢得要素"，它只是企业能够进入市场的最低准入门槛。

随着竞争越来越激烈，越来越多的企业不断提高自己的竞争能力，一些企业原来具有的"订单赢得要素"可能逐渐转化为"订单资格要素"。为了在市场上具有可持续的竞争优势，企业必须不断地在产品质量、成本、提前期等方面持续提升自己的能力，从而拥有自己独特的"订单赢得要素"，帮助自身百尺竿头，更进一步，始终保持竞争优势。

以 iPhone 在屏幕方面的表现为例。2010 年，苹果公司推出了 iPhone 4，显示屏像素密度是每英寸（1 英寸 =2.54 厘米）326 个像素，远超竞品表现。因为这个像素密度已经超过了人类视网膜的分辨能力，所以苹果公司创造了"视网膜屏幕"的营销术语，并将其作为核心卖点进行营销，取得了巨大成功，从而帮助苹果公司赢取了更多客户的青睐。就当时而言，这就是苹果公司吸引客户、赢取订单的一个重要"订单赢得要素"。

但是，在智能手机市场的白热化竞争态势下，各手机厂商也加速在像素方面的创新，每英寸 326 个像素的屏幕标准很快就成了智能手机的标配。手机厂商只有达到或者超过这个标准，才有资格参与用户侧的竞争。这种情况下，苹果公司就不能再以这个产品功能作为"订单赢得要素"了。"视网膜屏幕"也就从"订单赢得要素"降级成了"订单资格要素"。

"订单赢得要素"与"订单资格要素"之间的这种转换关系，可以用一个比较直观的图来展示。如图 1-3 所示，随着时间的推移，"订单赢得要素"会逐渐降级为"订单资格要素"。以成本要素为例，当一个市场上只有企业 A 具有成本优势的时候，成本就是这家企业的"订单赢得要素"。但随着市场上具有成本优势的竞争者增多，大多数竞争者都能够提供低价，同样的成本就变成了"订单资格要素"。企业 A 就必须建立新的独特能力来提供新的"订单赢得要素"，比如质量、速度、客户化、服务等。

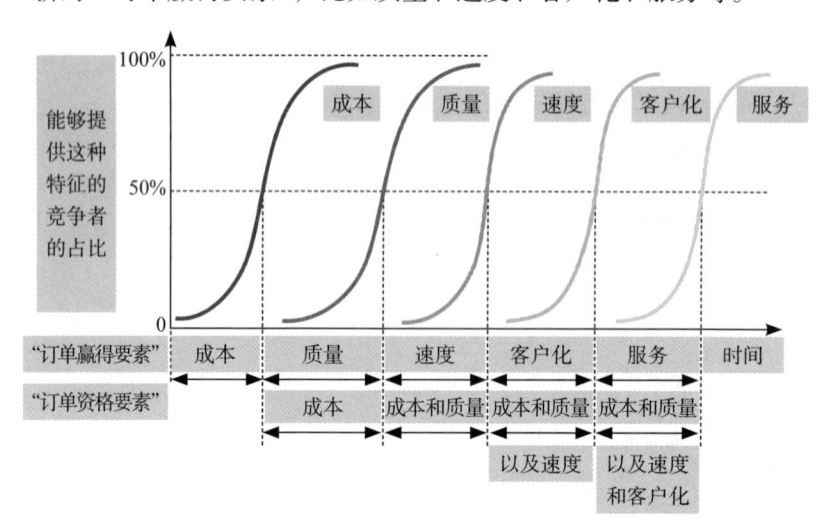

图 1-3 "订单赢得要素"和"订单资格要素"随着时间推移的转化

古希腊哲学家赫拉克利特曾说过,"人不能两次踏进同一条河流",企业赢得订单的过程亦是如此。名言"人无我有,人有我优,人优我特,人特我转",说的也是这个道理。

随着时间的推移,"订单赢得要素"的内容和标准会不断发生变化。20世纪中期,很多企业的关注重点是控制成本、提高质量,到了20世纪末和21世纪,重点变成了提高服务水平、灵活满足客户的多样化需求。因此,对于有志于开创百年基业的企业与企业家来说,永远不会有真正高枕无忧的一天。面对"订单赢得要素"不断降级为"订单资格要素"以及其他不断发展变化的趋势,他们需要不断精进,持续改进企业运营管理。

随着许多行业竞争的加剧,客户的需求越来越多、要求越来越高,一个行业只靠一家企业的资源和能力来满足客户多个维度的需求也越来越难。为应对行业的全新挑战,企业必须将自己的资源和能力与供应链上下游伙伴的资源和能力整合起来,打造更具有竞争优势的供应链。因此,企业间的竞争,也就逐步转变为供应链间的竞争。

从供应链角度看,为赢取客户订单,企业可以通过供应链中多个组织的合作与协同来给客户提供更大的价值,通过降低成本、缩短提前期、提高产品或服务质量等具体方式来满足客户的高要求。

在图1-2展示的价值最大化公式里,我们可以看到,供应商、批发商、零售商通过对关键流程的整合和精益管理,可以在供应链的不同环节减少浪费、降低成本、缩短提前期。与此同时,供应链上下游伙伴通过合作创新、协同研发,能够开发出更高质量的产品；供应商通过与供应链上下游伙伴的协同可以改善生产制造环节，从而进一步提高产品质量；此外，供应商通过整合更好的服务提供商，还可以为客户提供更高质量的服务。

提升股东回报的法宝

强大的供应链管理能力，能够从财务方面直接提升股东回报。

在财务领域，股东回报的水平主要用投资收益率（ROI）来衡量。投资收益率，指的是股东投资所能形成的利润占投资总额的比率。假设一家企业的股东投资总额是500万美元，净利润是60万美元，投资收益率就是60万美元除以500万美元，相当于12%（见图1-4左侧）。

下面换一种算法，我们来引入收入这个概念（见图1-4右侧）。投资总额的一部分会形成收入，收入中又有一部分会形成利润。前面的一半，定义为"保持"，也就是企业保持盈利水平的能力，算法是用税后营业净利润（NOPAT）除以收入。后面的一半，定义为"速度"，也就是企业利用股东投资形成收入的速度，算法是用收入除以投资总额。"保持"和"速度"这两个指标相乘，还是等于投资收益率。以前述那家企业为例，投入500万美元，形成1 000万美元收入，"速度"指标是2.00。最后得到60万美元利润，"保持"指标是6%。两个指标相乘等于12%，和基本算法的结果是一样的。

假设企业遭遇了激烈竞争，虽然收入没有变化，但由于竞争加剧、打价格战、营销费用增加等因素，获利能力下降了，因此

"保持"指标从原先的 6% 降到了 5%。如果这时企业的供应链管理能力没有明显的改善，股东投资收益率就会降到 10%。

股东想要什么？	投资收益率的另一种算法
投资收益率 = $\dfrac{\text{税后营业净利润}}{\text{投资总额}}$ 投资收益率 = \$60 / \$500 = 12%	投资收益率 = $\dfrac{\text{税后营业净利润}}{\text{收入}} \times \dfrac{\text{收入}}{\text{投资总额}}$ = "保持" × "速度" = $\dfrac{\$60}{\$1\,000} \times \dfrac{\$1\,000}{\$500}$ = 6% × 2.00 = 12%

图 1-4　投资收益率的基本公式和另一种算法

但是，企业如果能够加快采购、生产、销售、配送的整个流程进度，压缩存货周期，使原材料可以迅速变成产品卖出，便可以加速现金回流。这将使"速度"指标显著改进，从而有效弥补"保持"指标下降的负面影响。

此外，企业还可以通过优化供应链决策，妥善选择自身角色，遴选合作伙伴，尽量减少在固定资产上的投资，充分利用合作伙伴的产能，减少资金占用。这样一来，"分母"会变小，相当于用同样的投资总额做了更大的生意，"速度"指标由此得以进一步改善：在"速度"指标从 2.00 增加到 3.00 的情况下，最终投资收益率增加到了 15%（图 1-5）。显然，通过供应链管理能力提升，企业扛住了竞争冲击，克服了获利能力下降的影响，股东赢得了更加丰厚的回报。

一元钱的本钱不会凭空变成两元钱。但是，如果本钱投入之后加速周转和回流，企业在运营过程中减少资金占用，一元钱是可以发挥两元钱甚至三元钱的价值的。提高供应链管理能力，改

如果竞争使"保持"下降到5%会怎样？	如何做才能让股东满意？
投资收益率 = $\dfrac{\text{税后营业净利润}}{\text{收入}} \times \dfrac{\text{收入}}{\text{投资总额}}$ = 5% × 2.00 = 10% "速度"保持不变，投资收益率下降，股东利益受损	"速度"增加到3.00会发生什么？ 投资收益率 = $\dfrac{\text{税后营业净利润}}{\text{收入}} \times \dfrac{\text{收入}}{\text{投资总额}}$ = 5% × 3.00 = 15% "速度"增加，投资收益率增加，股东收益增大

图 1-5 "速度"不变和"速度"增加情况示意

进各环节的整合与协作，加速整体运转，降低库存水平，降低固定资产投入，正是提高周转速度、提升股东回报的神奇法宝。

企业可持续发展的助推器

强大的供应链管理能力，能够帮助企业实现可持续发展，降低碳排放。现代企业除了关注盈利水平之外，也越来越关注企业公民责任，考虑环境、社会和公司治理等因素。这是国家、社会和公众的要求，也是企业保持可持续发展的内在需要。

在绿色低碳方面，供应链管理能力如何发挥作用呢？具体地说，第一，在研发环节，企业通过与供应链上下游伙伴间的合作创新，采用新材料、新技术，改善产品设计，降低碳排放。第二，企业通过与一些供应商合作，采用新包装来降低碳排放。第三，企业通过与仪器设备供应商合作，做好工艺流程创新，采用更智能化的仪器设备，以促进人机协同，降低能耗，进一步降低碳排放。第四，企业通过与供应商合作，能够促进供应商在原材料、零部件生产环节有效降低碳排放。第五，企业通过供应链协同，可以为客户提供更加有利于减碳的解决方案（包括产品和服务）。第六，企业通过与物流服务商合作协同，可以有效减少运输环节的碳排放；二者如果能妥善设计逆向物流（包括回收再利用等），将进一步发挥减碳效应。

除了在绿色低碳方面，供应链管理能力在企业社会责任的履行方面也发挥着作用。企业通过与合作伙伴及所在地区政府机构的协同合作，可以打造更广泛的供应链生态圈，更好支持当地的教育、文化及产业集群的发展，帮助提升就业率、振兴当地经济，发挥可持续发展的综合效应。

在这个方面，库克时代的苹果公司堪称个中翘楚，它一方面加强自身的节能环保工作，减少使用有害材质，优化制造工艺，实施可再生能源计划，加强对回收材料与元器件的再利用，让产品变得更加"绿色"；另一方面则通过设定供应商标准、发布供应商责任报告与行为准则等手段，促使供应链合作伙伴重视节能环保。2018年7月，苹果公司与10家供应商联手成立了一只资金规模达3亿美元的基金，帮助中国供应商拥抱绿色清洁能源，成为供应链带动合作伙伴可持续发展的典范。此外，苹果公司还与京东物流合作，在降低物流碳排放方面进行了卓有成效的探索与实践。

企业掌舵人培育的主阵地

随着企业的发展，供应链管理会成为为客户创造价值、帮助企业提高竞争优势的最关键环节。供应链管理的主要负责人会在企业竞争战略制定和实施过程中扮演越来越重要的角色。

在这个意义上，可以说，供应链管理对于企业掌舵人和高级管理人员的培育与成长，具有重要意义。这主要体现在以下方面：

第一，供应链管理能力是企业赢取客户订单、通过为客户创造价值获得竞争优势的最重要的核心能力。拥有这一能力的管理人才，是企业发展的核心人才。

第二，现代供应链管理强调企业内部不同职能部门和上下游伙伴的合作协同，是公司资源整合、支持商业模式创新的最关键的要素。因此，供应链管理人才在改进整合、促进创新方面，具有突出优势。

第三，供应链管理强调通过数字化技术实现端到端的整合和决策优化，是企业数字化转型、提高运营效率最关键的要素，对于现代企业的运营和财务绩效具有十分重要的影响。从这个意义来讲，企业面向未来发展需要的数字化人才，在一定程度上和供应链管理人才具有高度重合性。

虽然相比于市场营销、财务管理和研发等岗位，供应链高管身上的光环似乎没有那么耀眼，但对于公司如何创造价值，以及如何通过资源整合和应用来支持企业的竞争战略和商业模式，供应链高管具有更深刻的理解和更丰富的经验，这使得他（她）能够更好地领导企业在市场上获得竞争优势。这也是苹果公司 CEO 蒂姆·库克、通用汽车公司 CEO 玛丽·博拉、沃尔玛公司 CEO 道格拉斯·麦克米伦、英特尔公司前任 CEO 布莱恩·克尔扎尼奇等世界顶级公司掌门人，都是供应链高管出身的原因。随着现代供应链的不断发展,供应链管理人才在企业整体人才体系中的重要性还将持续提升,供应链管理对于企业掌舵人和高级管理人才培育的重要意义,也将得到越来越多的认可。

第二章
供应链中的战略选择与创新实践

> M4SC 是什么？
> ZARA（飒拉）的垂直整合型供应链有何特点？
> SHEIN（希音）的横向整合型供应链有何优势？

本章的开始部分，为你介绍一个关于供应链管理的战略理论框架——M4SC（management for supply chain），如图 2-1 所示。它能够实现供应链管理从执行层面到战略层面的连接，反映企业竞争战略、供应链战略、供应链网络、供应链流程、供应链资源之间的驱动-反馈关系。

从企业的竞争战略开始，我们一起来看看图 2-1 所示框架中的各个要素。竞争战略考虑的是在哪些市场、面向哪些客户、以何种方式与对手竞争，从而赢得订单。它的关注点是本书前文提到的"订单赢得要素"。企业若要具备"订单赢得要素"，就必须拥有相应的供应链能力，在某些关键绩效指标上超越对手。因此，竞争战略驱动供应链战略的制定。

在此之后，要拥有供应链战略所追求的供应链能力，就必须搭建相应的供应链网络，重点包括：产品设计布局、生产制造布

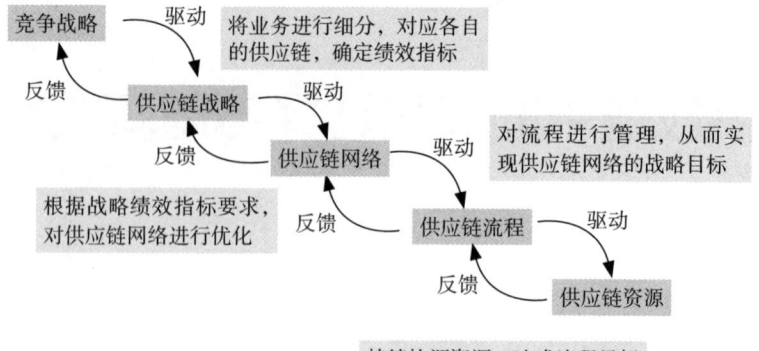

图 2-1　供应链管理的战略理论框架——M4SC

资料来源：SCOR 最新版教材《美国生产与库存管理协会供应链运作参考模型手册》12.0 版。

局、库房布局、零售网络布局等，以及自行生产和外包的选择。

要发挥供应链网络功能，释放供应链能力，达到关键指标的要求，还必须考虑供应链的流程设计，包括企业内部流程与伙伴流程的整合。通过流程整合和优化，企业可以达成绩效指标，实现竞争战略的目标。

要支撑关键性的供应链流程，必须配置相应的供应链资源，包括厂房设施、人力资源、信息系统与数据资源等。

以上构成了一个完整的战略驱动与反馈过程。

在这个过程中，如图 2-2 所示，围绕自身的战略和核心能力，企业在确定供应链战略和模式时，要考虑以下几个维度的问题：

企业在供应链中扮演的角色是怎样的（是供应商、生产商，还是分销商）？

如何选择合适的合作伙伴？

与伙伴以怎样的模式合作（是以参股的模式，还是战略联盟

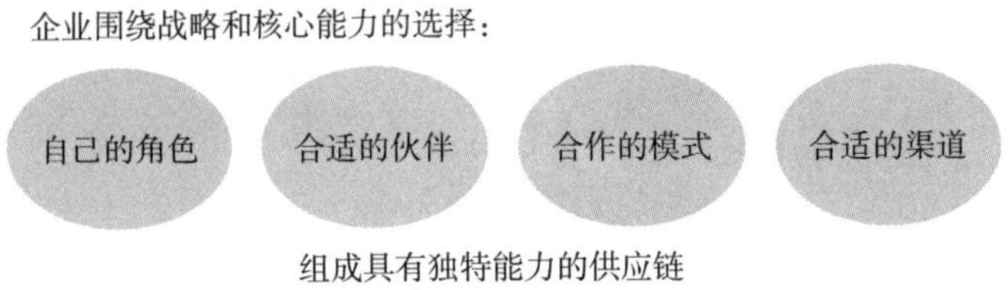

企业围绕战略和核心能力的选择：

自己的角色　合适的伙伴　合作的模式　合适的渠道

组成具有独特能力的供应链

图 2-2　企业确定供应链战略的过程

的模式）？

通过何种渠道销售自己的产品（是线上、线下，还是线上、线下相结合）？

企业最终根据这些选择，组成具有独特能力的供应链。

下面，我们看一下 ZARA 和 SHEIN 这两家快时尚企业是如何形成和管理具有独特能力的供应链的。

ZARA 的供应链管理实战精髓

服装行业的"快时尚之王"ZARA，为我们提供了一个绝好的供应链管理实战案例，让我们领略如何通过卓越的供应链管理能力，在极度残酷的红海市场中杀出一条血路。

ZARA 的财富神话

ZARA 品牌的拥有者是西班牙 Inditex 集团，这是目前世界上最大的服装零售商之一。Inditex 集团并非一家来自纽约、巴黎、米兰这样的时尚城市的公司，而是于 20 世纪 70 年代，在西班牙小城拉科鲁尼亚由阿曼西奥·奥尔特加创建的。服装零售这个行业，以门槛不高、竞争残酷、变动剧烈著称，很少有品牌能长盛不衰，但 ZARA 却打破了这一魔咒，长期立于不败之地。从 1996 年至 2000 年，它的销售额翻了三番，到 2017 年，它的净销售额已经达到 253 亿欧元。至 2022 年，ZARA 全球销售额进一步增长，达到 325 亿欧元。2014 年，创始人阿曼西奥·奥尔特加荣登全球富豪榜第三位，并成为欧洲首富，创造了服装零售这类传统行业中很难出现的财富神话。[①]

与主要竞争对手相比，无论是属于快时尚的 H&M，还是具有传统休闲服装行业特征的优衣库，2018—2023 年 ZARA 的营业收入增长都更为强劲（见图 2-3）。

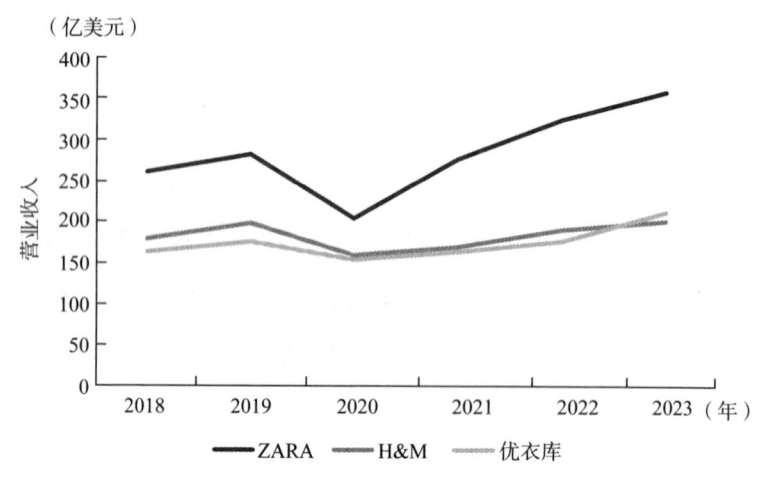

图 2-3　2018—2023 年服装行业三巨头营业收入对比

资料来源：各公司年报。

---

① 参见 https://www.thecasecentre.org/corporate/products/view?id=130606。

根据 2023 年的数据，ZARA 与主要竞争对手相比，在多个指标上表现都更优秀（见图 2-4）。

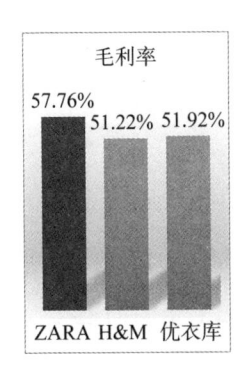

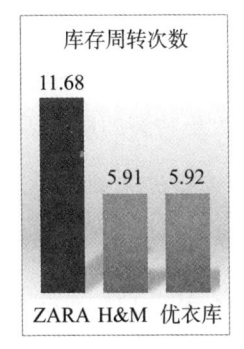

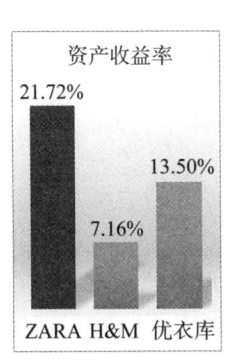

图 2-4　ZARA、H&M、优衣库 2023 年各项财务指标表现

资料来源：各公司年报。

财富神话背后的供应链力量

ZARA 这个"小镇青年"，在如此残酷的市场竞争中保持强劲竞争力，成长为全球巨头，究竟依靠的是什么力量呢？其中很重要的一点，是它贯穿设计、生产、分销和零售等各个环节的强大供应链管理能力，主要体现在以下三个方面。

第一，ZARA 牢牢把握住服装行业的根本特质——客户需求快速多变，形成了典型的需求拉动型供应链流程（见图 2-5）。

图 2-5　ZARA 的需求拉动型供应链流程

服装行业的传统核心流程，是从设计到生产再到销售。ZARA偏偏反着来，它从门店获取客户需求数据，再倒逼设计、估价、打版、制作样衣、工厂生产、物流仓储等环节。门店成为供应链的核心入口，门店经理和员工站在接触客户的第一线，观察客户购买行为，及时收集转瞬即逝的需求信息，比如在处于寒冬时节的中国北方，究竟哪种羽绒服领口设计在门店更受欢迎。像这样的第一手鲜活信息和购买行为，门店会迅速向总部的市场专家反馈。这就保证了ZARA对时尚的把握不是闭门造车，而是始终快人一步。

第二，ZARA实现了对工厂、商店、物流等供应链环节的垂直整合，拥有对顾客需求的快速响应能力（见图2-6）。

产品开发	生产制造	物流配送	专卖店直销
1~5天	1~5天	1~3天	每周补货2次
ZARA平均每20分钟设计出一件衣服，每年可设计出25 000件以上新款服装，是H&M的4~6倍；与之相比，H&M或Gap（盖璞）这一过程需花费3~5个月	ZARA拥有独立工厂，且将大部分采购和生产活动都放在欧洲进行；ZARA有45%的服装生产都是在西班牙总部周围一个非常小的范围内完成的，以缩小生产的空间	货物在24小时内可运到欧洲门店，48小时内可运到美国各分店，48~72小时可运到日本门店	总部仓库所有衣服不会停留超过3天。忠诚的ZARA顾客甚至知道送货车周几到门店，并适时购买。大约3/4的商品每年转换17次，是竞争对手的3~4倍

＜3周

图2-6 ZARA的垂直整合型供应链体系

企业光有敏锐感知能力还不够，还得有快速响应的实力。通过高频、直接、有效的沟通协作，ZARA 将从产品开发到上架的时间压缩到 3 周以内，而传统服装行业企业一般需要 6~9 个月，即使是其他标榜快时尚的竞争对手，也很难达到这个速度。

ZARA 家所有产品均为自行设计产品。2013 年，其总部拥有 350 名"商务团队"成员，包括设计师、区域经理（也称"市场专家"）和采购员，其中 100 人左右为设计师。这些设计师相当年轻，年龄大多不到 30 岁。团队氛围如同学院，设计师们在全球范围内，从 T 台、杂志、俱乐部等众多场合获取设计灵感，紧随时代潮流。更重要的是，他们能够通过门店网络快速获得顾客反馈意见，并和商务团队中的区域经理、采购员持续互动，在设计中充分考虑采购、生产环节的关注点。在产品开发环节，ZARA 的设计师、门店专员和生产专员形成小组办公，一次会议不超过 20 分钟，一份设计 2~3 天就可以交稿，效率远胜竞争对手。由此，ZARA 每年能够推出大约 25 000 款新品，令友商望尘莫及。

在生产制造环节，ZARA 形成了快速反应的生产能力，整个生产过程只需要 10~15 天，而 H&M、Gap 等竞争对手则需要 3~5 个月。ZARA 倾向于采取就近生产策略，大多数时装产品在西班牙、葡萄牙和摩洛哥生产，产品自产比重较高。但近年来，ZARA 也在扩展外包范围。外包代工厂在全球约有 1 600 家。由于 ZARA 的订单数量较大且非常稳定，相关供应商和代工厂普遍将 ZARA 视为头部客户。与节约成本相比，ZARA 的生产系统更重视保持灵活度，能够根据某个产品系列的畅销或者滞销信息，及时安排增产或停产，以保持生产计划的充分弹性。因此，

ZARA很少出现货品积压、被迫降价处理的情况。

在物流配送环节，ZARA建成了3个自动化程度很高的物流中心，2014年初，日发件量就已经达到了100万件，且远未达到极限。其库存管理、订单拣货与发件的能力非常强。对于需求相对容易预测的男士T恤、牛仔服、裤装等基础产品，ZARA还建立了自动补货系统。通常情况下，欧洲门店可以实现下订单后24小时内到货，美国门店在48小时之内到货，中国和日本门店则在48~72小时到货。

在店铺销售环节，ZARA每周更新款式2次，每种款式上架时间不超过3周。门店没有卖出的产品，会被运到其他分店或者总部。ZARA大约有3/4的商品每年能够周转17次，是竞争对手的3~4倍。服装行业一般只能以正价出售60%~70%的货品，而ZARA的这一比例则高达85%。这对公司盈利意义重大。

第三，ZARA拥有强大的IT系统，它可以提供数字化、自动化支持，帮助庞大的跨国供应链实现灵敏响应。首先，系统能实时收集客户需求信息，并将信息及时从全球门店汇总至总部数据库，为设计师查询销售数据、更新设计创意提供支持。其次，系统实现了海量服装信息的标准化与数字化，使得门店信息与后台信息标准统一、实时透明、随时可用。再次，系统能高效管理产品信息与库存信息，准确管理产品生命周期，预测不同阶段需求，提高响应速度，形成上下游信息高效共享。最后，系统为配送管理提供了数字化支撑，对物流进行最优统筹，以配合门店扩张与分销活动。

ZARA 的供应链管理精髓，可以用图 2-7 来概括。

如图 2-7 所示，通过对供应链各环节的高效精准控制，以及端到端的供应链整合，ZARA 实现了拉动式供应链，并且获得了现代供应链管理的竞争力。这使得 ZARA 能够更好地赢得客户订单，提高股东回报，促进企业可持续发展。

门店 + 时尚观察员
各门店收集顾客需求信息；时尚观察员收集市场潮流信息，将其汇总至总部数据库

信息收集

每周上新：2 次
是竞争对手的 3~4 倍

专卖店直销

设计师 + 产品 / 市场专家
设计师根据总部数据库收集的信息绘制设计草图
设计师与产品 / 市场专家讨论敲定设计稿

产品设计

精准控制整个供应链闭环，通过高度的供应链整合提高反应速度，降低总体成本（包括库存成本）

产品方案确定

从下订单到产品到店：1~3 天
是竞争对手的 1/5 左右

物流配送到店

通过端到端的供应链整合，ZARA 可以快速精准研发新的产品

生产制造

从设计概念到产品上市：10~15 天
是竞争对手的 1/10 左右

生产团队成员
生产团队沟通确定包括生产数量、材质、成本、售价在内的产品方案

每年可设计大约 25 000 款新品，是 H&M 的 4~6 倍

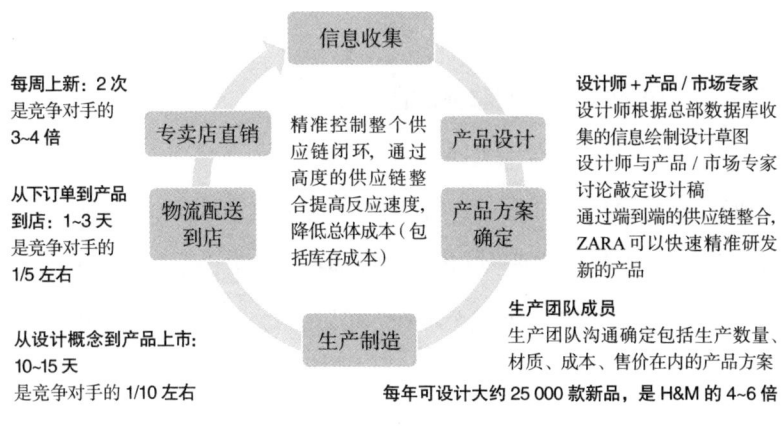

图 2-7　ZARA 的供应链管理精髓

SHEIN 崛起背后的供应链创新之路

SHEIN 是近年来发展较迅速的快时尚品牌，风头强劲，甚至盖过了"快时尚之王"ZARA。从营收来看，直到 2021 年末，ZARA 都还没有恢复新冠疫情之前的水平，但与此同时，SHEIN 却实现了年均 312% 的营收增长率。SHEIN 的品牌影响力也在不断扩大，2021 年，其 App（移动应用程序）已经成为全球下

载量第二的购物类 App，甚至超越了电商巨头亚马逊。

2023 年，SHEIN 的营收超过了 300 亿美元，在美国已经占据了 40% 的快时尚领域市场份额。在胡润研究院发布的《2023 全球独角兽榜》中，这家看上去略有些神秘的公司，仅次于字节跳动、SpaceX（太空探索技术公司）和蚂蚁集团，排名第四，估值达到 660 亿美元。①

在 SHEIN 异军突起的背后，是很值得研究的供应链创新。

SHEIN 供应链管理的总体思路

SHEIN 供应链管理的总体思路，是"精准匹配、小单快反"。简单地说，就是精确把握和洞察客户需求趋势，从小批量生产开始，根据市场反馈情况快速调节，如果销售良好就增加订单，如果销售不佳就停单不做。

按照这一思路，SHEIN 在面向客户需求的供应链前端，坚持通过跨境电商向全球市场进行销售；在销售过程中，基于对平台中客户反馈、销售数据的分析，以及对 Google（谷歌）趋势追踪系统的研究，实现对消费需求的深刻洞察，用需求来拉动后端供应。在面向生产环节的供应链后端，SHEIN 充分利用自身所在的广州周边的产业集群资源，包括面辅料供应商、代工厂、物流服务商等，对不同供应源进行高效整合与优化配置，实现对小批量订单、多样化需求的快速响应。

---

① 参见 https://www.yicai.com/epaper/pc/202401/09/node_A11.html。

通过这一供应链战略，SHEIN实现了50%左右的爆品率，远远高于ZARA的20%左右；滞销率只有10%，低于ZARA的15%，更是大幅度优于服装行业的一般水准。

SHEIN供应链创新的具体打法

在前述供应链战略之下，SHEIN的很多具体打法可圈可点。

第一，作为面向终端消费者的入口，SHEIN的销售页面完全以客户需求为导向，每日上新服装款式超过千款，充分应对差异化需求；同时提供场景化的导购信息，给客户带来沉浸式的选购体验，以满足客户在不同场合下的偏好。

第二，SHEIN运用数字化能力，将产品设计、测试和上新环节的效率做到了极致。它的设计流程相比ZARA更加简单，先由数字智能中心通过技术工具抓取当下最流行的元素，再由商品中心将元素进行加工处理，最后将产品投入运用A/B Test（A/B测试）方法组织的市场测试，即直接观察、统计市场消费者对于不同产品的反馈，根据反馈结果来安排生产。SHEIN没有线下门店，而通过对线上实时数据进行分析，响应更为快捷，其A/B Test的速度可以达到ZARA产品测试的5倍左右。因此，在同一个时间段内，SHEIN可以设计、测试和上新更多服装款式，也更容易押中爆款。这正是它爆款率、滞销率等指标的表现大幅度优于ZARA的原因所在。有关情况可参考图2-8。

第三，SHEIN实现了数字化支持下的高效柔性生产与交付。在供应商环节，它形成了以广州番禺为核心的2小时车程产业集

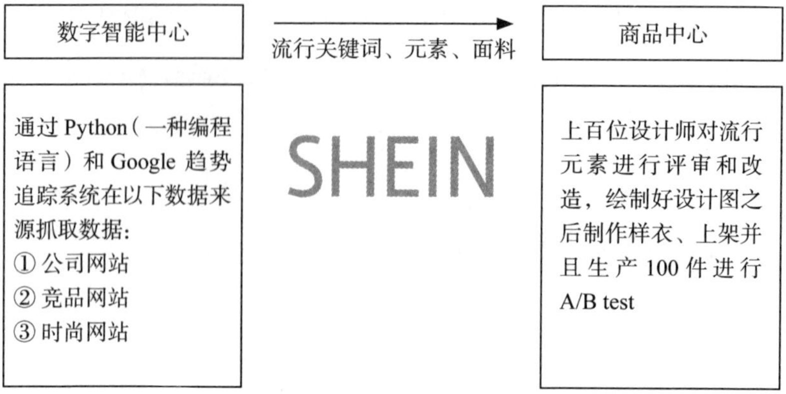

```
┌─────────────────┐                          ┌─────────────────┐
│  数字智能中心   │  流行关键词、元素、面料  │    商品中心     │
├─────────────────┤ ───────────────────────▶ ├─────────────────┤
│ 通过Python（一种编程                        │ 上百位设计师对流行
│ 语言）和Google趋势        SHEIN             │ 元素进行评审和改
│ 追踪系统在以下数据来                        │ 造，绘制好设计图之
│ 源抓取数据：                                │ 后制作样衣、上架并
│ ① 公司网站                                  │ 且生产100件进行
│ ② 竞品网站                                  │ A/B test
│ ③ 时尚网站                                  │
└─────────────────┘                          └─────────────────┘
```

图2-8　SHEIN的数字化设计与测试

群；它灵活配置产业集群资源，包括300~400家成衣厂、100多家面料厂，建立了强大的柔性生产能力。IT团队开发了供应链协同系统，利用MES（制造执行系统）工具，实现对工厂和工人的过程管理。在仓储物流环节，它将国内发货仓设置于佛山，通过空运向海外物流中心发货，目前共设有佛山物流中心、南沙物流中心、比利时物流中心、美东物流中心、美西物流中心、印度物流中心6个物流中心，通过UPS（一家国际物流公司）完成当地配送。在这种高效生产与交付模式的支持下，SHEIN只需要3~7天就能完成产品生产，远远短于快时尚行业平均2~3周的时间。它从产品设计到生产的时间不超过14天。而客户还能享受到产品本身的物美价廉，产品平均价格只有ZARA的一半甚至更低，这自然能使SHEIN拥有强大的竞争优势。

这些打法的背后，是一套强大的数字化体系。全公司的数字化团队超过1 200人，由CTO（首席技术官）领导，各类应用系统/软件超过300个，包括前端、后端、供应链中心等板块的不同系统/软件。SHEIN 设有数字智能中心，配备了数百人的数据分析团队，负责用数据对各类决策进行支撑。这套数字化体系，是 SHEIN 供应链创新的重要支撑，也是它强大竞争力的重要来源。

SHEIN 的数字化体系，可以参考图 2-9。[①]

IT 研发中心

信息化基础
- 1 200 多人，在 CTO 直接领导下自研各类应用系统/软件 300 多个
- 基于统一技术底层，以流程来引领系统/软件之间的拉通，避免"筒仓"

销售 & 营销中心 PC 端 & 手机端 — 基于推荐算法的个性化推荐

商品中心 产品研发 & 测试 — 趋势分析 + 决定设计什么

供应链中心 采购、生产、物流管理 — 采购、生产与物流中的决策优化

数字智能中心

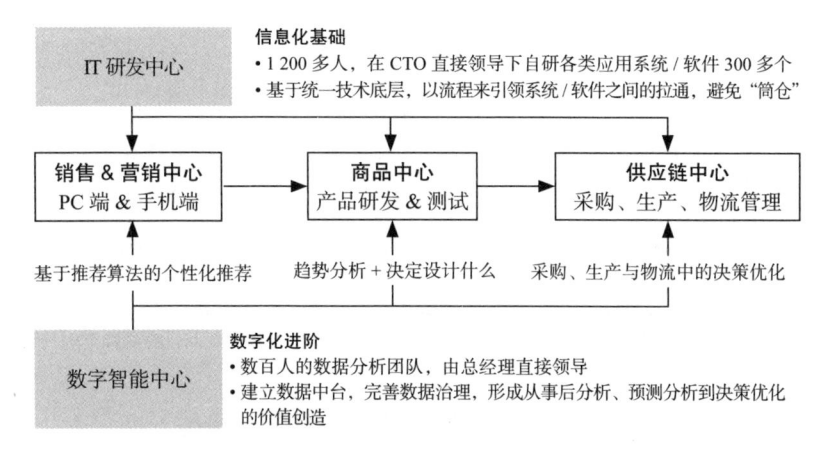

数字化进阶
- 数百人的数据分析团队，由总经理直接领导
- 建立数据中台，完善数据治理，形成从事后分析、预测分析到决策优化的价值创造

图 2-9　SHEIN 领先于行业的数字化体系

SHEIN（横向整合）与 ZARA（垂直整合）的对比

SHEIN 的成功是供应链模式的成功。SHEIN 的生产是外包的，依托于广州的制衣产业带。SHEIN 自身基于信息系统，实现了供应链的横向整合。可以说，SHEIN 在高速发展时期，充分利用了广东尤其是广州的供应链网络优势。与之对应，ZARA 则采用了垂直整合的模式，每个环节都自己投资、自己做。因此，

[①] 全面的供应链管理范围包括图 2-9 中的所有中心，但是企业根据自己业务的不同来定义部门职责时，可能将供应链各环节的职责分配在不同的中心。

两者在上新速度、设计周期、生产周期、价格带、爆款率等方面出现了显著差异（见表2-1）。

表2-1　SHEIN和ZARA的部分运营/供应链指标对比

指标	SHEIN	ZARA
上新速度	每日上新 每次约7 500 SKU （存货单位）	每周上新 每次约240 SKU
设计周期	7天	10~15天
生产周期	3~7天	14天左右
主要价格带	5~25美元	36~400美元
爆款率	50%左右	20%左右

注：除了因跨境物流需要等待时间外，SHEIN在大多数指标上的表现比Zara好。

SHEIN虽然凭借灵活的供应链和低价格在市场上取得了一定的成功，但也因此面临一些挑战和问题。例如，SHEIN在质量控制方面存在一定的问题。由于SHEIN的供应链极其灵活，因此其能够快速响应市场需求并生产大量产品，但这也导致其产品质量参差不齐。许多消费者在收到SHEIN商品后反映，SHEIN商品存在线头问题或其他瑕疵，整体质量不如ZARA稳定。SHEIN也在探索通过提升供应链透明度，以及对服装产业带上下游企业进行数字化赋能，来应对这些挑战。例如，SHEIN与产业带的供应商建立了紧密而高效的合作关系，共同推动生产流程的数字化升级。

第三章
供应链创新驱动的制造业转型升级

> "中国制造"如何升级为"中国创造"?
> 制造型企业如何实现供应链转型升级?
> 海尔如何从濒临倒闭的小厂,成长为全球家电巨头?
> 红领集团如何将古老的服装生意做出新意?
> 尚品宅配如何实现家具的个性化生产?
> 韩都衣舍如何从代购商走上品牌发展之路?
> 小米如何创造奇迹,从"手机红海"中杀出一条血路?

高质量发展中的制造业转型升级

制造业是中国的支柱产业,是中国经济增长的主要动力。

改革开放 40 余年来,中国赢得了宝贵的快速增长,逐步发展为"世界工厂",经济发展和社会发展的成就令人瞩目。从制造业发展的角度来看,这是因为中国抓住了经济全球化的发展机遇,借助改革开放的政策优势,将自身蕴藏的人口红利等有利条件很好地释放出来;在国际制造业分工中,通过以 OEM （original equipment manufacture，即原厂委托制造）为主的形式，承接了直接生产制造环节的任务。中国由此从一个比较贫穷、落后的国家，发展成较发达的制造大国。

关于国际制造业分工的结构，宏碁集团创办人施振荣于1992年提出了著名的"微笑曲线"（smiling curve）理论。他用一条类似于微笑嘴型的、两端朝上的曲线，来描述制造业的产业价值链。其中，价值最丰厚的环节集中在曲线两端的高处，即研发和市场环节。而中间的生产制造环节附加值最低，所以处在曲线底部。"微笑曲线"也可以用"哑铃"来表示——两头的研发和市场环节较大，中间的生产制造环节最小。

中国的制造业虽然有了很大发展，但在国际分工中，仍长期处于"微笑曲线"的底部，或者说"哑铃"的中间部分；与发达国家和地区相比，中国还不是真正意义上的制造强国。中国的经济发展模式，仍然具有粗放型增长与外源型主导的特征。这种模式意味着什么？意味着产业层次偏低，产品附加值不高，创新能力不足，整体竞争力不强，而且资源消耗过度、环境污染突出的问题尚存。

这种发展模式本质上很难长期持续。更何况近年来，国际政治和经济形势趋于动荡，原材料价格大幅波动，劳动力成本大幅增加，资源、环境和人力的制约日趋严峻，东南亚等地在制造能力和成本控制等方面迎头赶上，中国制造业转型升级的需求已经非常紧迫。

转型升级之路该往何处去？一句话，要从原来的"中国制造"升级为"中国创造"——建设以先进制造业加现代服务业双轮驱动的主体产业集群，形成产业结构高级化、产业发展集聚化、产业竞争力高端化的现代产业体系。

这种升级体现在国际分工和价值链上，就是制造业要从"微笑曲线"的底部向两端的高地攀登；从以代工为主的OEM模式，扩展到把研发设计和生产结合起来的ODM（original design manufacturer，即原厂委托设计）模式，以及以自有品牌完成从研发设计到销售整个流程的OBM（original brand manufacturer，即自有品牌制造商）模式；从资源、劳动密集型向资本、技术、品牌密集型转变。

要实现这种升级靠什么？一方面，制造业要强化自主研发和创新能力，增加产品的附加值，创立自主品牌，从代工生产转向自主品牌生产。另一方面，制造商要向服务商转化，由提供单一产品升级为提供成套产品或整体解决方案，由卖产品升级为卖服务。这样一来，原来以产品的生产和销售为中心的传统制造型企业，就转化为以产品为载体，为客户提供整体解决方案的服务型企业了。

目前，我们已经走在这条从"中国制造"到"中国创造"的转型之路上，任重而道远，而制造业的供应链创新是推动转型的重要力量。下面，我们选取五家各有特色的制造型企业，看看它们是如何通过供应链创新，实现从生产模式到价值链地位的脱胎换骨的。

走向中国创造：制造业供应链创新的最佳实践

这里选取的五家企业，在供应链创新实践方面各有侧重，呈现出不同特色。我们将逐一分析其供应链创新的思维模式、实践路径与突出特征，进而总结制造业供应链创新的模式与经验。

海尔：制造业供应链创新的全景路线图

海尔是我们熟悉的中国制造业领军企业。它用了三四十年的时间，从一家资不抵债甚至濒临倒闭的集体所有制小厂，发展为全球家电巨头。而海尔的发展之路，一步一个脚印，恰好是一幅制造业供应链升级进化的全景图。

这个过程可以分成四个特色鲜明的发展阶段：第一个阶段是大规模制造，第二个阶段是大规模定制，第三个阶段是服务型制造，第四个阶段是平台生态圈。下面，我们一起来感受这幅全景图。

大规模制造

从1984年创业到2005年左右，是海尔的大规模制造阶段。

早年，出身于计划经济"小作坊、大锅饭"模式的海尔，长期深陷产品质量低下、生产混乱的泥沼。1985年，一位用户反映海尔冰箱有质量问题。刚刚上任不久的厂长张瑞敏，马上对库存冰箱进行突击检查，结果发现，400多台冰箱中有76台存在质量问题。在20世纪80年代中期，一台售价上千元的冰箱，绝对算得上"奢侈品"。工厂员工们觉得，问题不算大，冰箱便宜一点儿，当作福利内部消化就可以了，这也是当年很多工厂面对类似问题的常见解决方案。但张瑞敏力排众议，号召全厂员工，一起砸掉了这76台"问题冰箱"。

张瑞敏带头抡起的铁锤，被称为"中国质量意识第一锤"，在2010年被国家博物馆正式收藏。也正是以这一事件为开端，海尔开启了聚焦质量和成本的供应链创新历程。

在这个阶段，海尔主要的工作是围绕质量和成本目标，制定生产标准，通过引进国外先进生产线等方式，重塑生产流程。海尔专门开发了基于计划和预测的大规模推式生产系统——"T模式"生产体系。这个体系将生产流程按明确的时间节点进行划分，实现精益化生产，强调提前预测，在生产前就计算并精确分配原料与资源。

根据预测来推动整个生产流程的运行是推式生产的核心要义。同一时期，国内同行的预测大多为按季预测，甚至是按半年预测，海尔则率先实现了以月为单位的精确预测，提前30天锁定订单，提前7天确认物料，提前1天资源到位，当天按单生产。

在这样一套规范、高效的供应链体系支撑下，海尔在质量和成本控制方面逐步走入行业前列。20世纪90年代起，海尔在冰箱、电视机、空调等多个白色家电领域陆续成为国内头部品牌，并开始进军海外市场，成为中国制造的一面旗帜。

大规模定制

从2005年到2012年，是海尔的大规模定制阶段。

进入21世纪之后，随着科技发展和物质生活的丰富，客户对家电产品的需求越来越多样化。海尔发现，之前那种大规模、标准化生产体系的优势，已经很难保持下去。只有快速设计制造，迅速满足客户多样化需求，同时保持对成本的有效控制，海尔的竞争力才能延续。

于是，海尔掀起了新一轮的供应链创新，此轮创新的重点是模块化，即将复杂的家电产品分解成模块，通过模块组合，一方面提高满足多样化需求的灵活性，另一方面尽可能控制成本——因为单个模块本身还是标准化的。

模块化的好处显而易见，但要实现并不容易。海尔首先解决了方法论问题，它专门在发达国家成立研发中心，和飞利浦、东芝等一流跨国企业开展技术合作，尤其是与专业模块化公司开展长期合作，共同研究如何对海尔产品实现模块化拆分。

在完成拆分方案的基础上，海尔重建了模块化的供应链体系，包括模块化的设计、生产和采购等各个环节。

在设计环节，海尔确保新产品 70%~90% 的部分可以直接调用模块库中的既有模块，在降低成本的同时提高效率，保障了灵活性。

在生产环节，海尔颠覆了传统的整体流水线模式，创新了"SKD（半散件组装）总装线＋多模块线"的生产模式，将长流程做短。模块预先在各自生产区完成准备，总装线只负责完成模块的组装与集成。同时，模块本身的准备，采用"自主生产＋外包"的策略，以进一步提高灵活性，并尽可能将匹配用户选择的个性化模块延迟到最后，即在客户下好订单后再进行组装。

在采购环节，海尔打造利益共享机制，将核心零部件供应商培养为模块供应商，吸引其他具有设计、生产、集成能力的供应商加入利益共同体。

为了支持这些供应链创新，海尔在组织架构方面进行了相应调整。例如，在企业里建立了基于工作目标的内部"市场链"关系，以订单为中心，使上下工序与岗位相互咬合，自动调节运行，从而提高全流程的协同性，配合供应链变革。

服务型制造

从 2012 年到 2017 年，是海尔的服务型制造阶段。

随着互联网和现代服务业的兴起，商业逻辑逐步从以商品为主导，向以服务为主导转变。在很多行业，良好的用户体验都成为企业的制胜法宝。对此，海尔迅速聚焦服务型制造战略，推进产品服务一体化，也就是说，将产品作为服务的载体，将服务作为产品的延伸，两者合二为一，构成完整的用户体验。

对于海尔所在的白色家电产业来说，服务型制造说起来容易，做起来并不容易。无论是产品的款式、功能，用户的使用习惯，还是售前、售后、安装、维修环节的服务需求，可以说是千人千面，萝卜青菜各有所爱。所以，海尔又一次对供应链体系进行了全面变革，不仅对产品进行更加深度的定制，以满足多样化的客户需求，还在产品上附加服务价值。这样一来，就需要在大规模定制的基础上，打造一条需求拉动式的、能够更好满足客户需求的全新供应链。

需求拉动意味着什么？意味着从产品设计阶段开始，用户就深度参与其中。具体的方式包括：邀请用户参与设计，请用户针对新创意进行交互讨论、头脑风暴，根据用户反馈进行概念开发，等等。又比如，企业为主要产品线开放定制，方便用户在线进行菜单式定制，配合 3D（三维）展示、图文视频、价格自动生成、在线客服实时沟通等功能，根据房屋空间、外观审美、使用习惯，实现一站式的选配下单，极大改善用户体验。

有趣的是，在用户参与产品设计后，很多深受欢迎的全新产品出现了，例如，有定时更新烘焙菜单服务、可以分享烘焙经验的智能烤箱，调动广大妈妈使用积极性、集成众多需求的恒温调奶器，等等。这些产品实质上是产品与服务的组合，正是需求拉动的产物。

　　但是新的问题又来了。随着用户深度参与，个性化、定制化产品不断涌现，给后台供应链带来的压力越来越大。在这种情况下，海尔针对个性化、定制化订单做了有效拆解，将完整的供应链转化为设计、制造、物流、采购等不同环节的子任务，各个环节共享订单信息，共同完成订单。供应链开始具备"按订单配置"（configuration to order，CTO）的能力。为配合这样的供应链改造，海尔大胆引进新材料、新技术、新工艺、新装备，广泛应用互联网和信息技术，不断强化供应链管理能力。

　　在生产环节之外，海尔改造了流通环节，针对传统的配送、维修服务体验不佳的问题，推出了"日日顺"服务品牌；打造覆盖全国的实体网络，专卖店下沉到县城和乡镇，解决"最后一公里"配送难题；借助信息和网络技术，实现对个性化、定制化产品的高效同步运输；通过 24 小时限时达、本地下单异地送货、免费测电测甲醛、个性化售后服务等增值服务，进一步提升用户体验。

　　同样地，组织架构上的改造也是不可缺少的。海尔将过去领导拍板、一线执行的"正三角管理"，改造为一级经营体承接市场目标、二级及三级平台提供资源支持的"倒三角服务"，为服务型制造的稳定运行打牢了组织基础。

平台生态圈

2017年以后，海尔进入了平台生态圈阶段。

近年来，生态圈、万物互联等新概念、新思维不断涌现，对传统商业模式产生了巨大冲击。海尔抓住了这一变化，没有躺在服务型制造模式上高枕无忧，而是主动拥抱变化，开始由提供单一产品转向提供智慧生活全套解决方案。

为了适应产品的变化，海尔的供应链再一次转型，由"链式结构"转向"网络结构"。海尔不仅通过互联工厂吸纳用户全流程参与，实现深度个性化、定制化，实现最佳用户体验，还对原有供应链包括物流、资金流、信息流进行变革，让其实现从串联到并联的颠覆。

值得一提的是，在"网络结构"这一新型供应链结构的支持下，海尔建立了开放平台，对外输出内部供应链的能力与资源，并共享给上下游伙伴，以供应链为内核的平台生态圈逐渐形成。

例如，海尔建立了"海创汇"创业孵化平台，将6万家加工制造商和3万家销售商共享给海量的中小微家电设计创业者，利用平台为创业者吸引了30亿元的VC（风险资本）投资，反过来这些创业者则进一步丰富了海尔的产品线。

海尔建立了工业互联网平台卡奥斯COSMOPlat，这是一个用户全流程参与的大规模定制化平台，是一个鲜活的智能制造生态圈。通过这个平台，整个流程无缝衔接，从用户交互到创意形成，到个性化订单下达工厂，到互联工厂自动匹配订单所需的模块部件，再到产品自动生产完成、个性化家电诞生，无界互联，各方实现了价值共创。这个平台的供应端向全球开放，已经汇聚了全球一流模块商资源、设备商资源和解决方案；需求端则实现了用户和工厂的零距离连接，用户可以看到产品定制的整个流程，用户、企业、资源可以在平台上零距离交互，共创解决方案，从而满足用户的个性化需求。

海尔在2017年4月的汉诺威工业博览会上，向全球发布了COSMOPlat平台大规模定制解决方案，并现场展示了一条互联工厂示范线。它作为中国智能制造的示范样板，得到了德国工业4.0平台等权威机构的高度评价。这些机构认为，这个平台具有启示意义，代表了全球工业的未来。

卡奥斯以根植于人单合一、引入用户全流程参与体验的大规模个性化定制模式为核心差异化，解决了制造业降低成本、提高效率和满足定制的"不可能三角"，在实现企业高质量发展、提升获得感的同时，满足用户的个性化、定制化需求，创造高品质生活，提升幸福感。目前卡奥斯赋能海尔智家入选国家首批"数字领航"企业，打造了12座世界"灯塔工厂"，孕育了化工、汽车等15个行业生态，并在全球20多个国家推广复制，助力全球企业数字化转型。

总体来说，海尔供应链创新的四个发展阶段可以概括为表3-1所示内容。在不同的发展阶段，海尔有着不同的战略出发点、订单赢得要素和生产运作模式等，从而形成了不同的能力，而具体工作也各有重点。如果想要了解更多细节，请参考中国工商管理国际案例库中的案例《海尔的转型升级——互联网和制造技术驱动的供应链创新》。

表 3-1　海尔供应链创新的四个发展阶段

关注点	1984—2005 年，大规模制造阶段	2005—2012 年，大规模定制阶段	2012—2017 年，服务型制造阶段	2017 年至今，平台生态圈阶段
战略出发点	以企业为中心	以客户为中心	以用户为中心	以生态圈参与者为中心
订单赢得要素	质量和成本	定制化和速度	个性化、定制化产品与服务组合	匹配各方供需
生产运作模式	大规模制造，推式生产	大规模定制，推拉结合	定制化产品与服务组合，拉式生产	平台生态圈，价值共创
独特的能力	提高质量并降低成本	准确、快速设计制造，满足多样化需求，同时降低成本	准确、快速提供产品与服务组合，提升用户体验	促进外部创新与网络效应，匹配多方资源供给与需求
工作重点	**质量管理：** • 砸冰箱事件唤起质量意识 • 引进国外先进的冰箱生产线 • 学习工业强国质量管理理念 **标准化生产与管理流程：** • 制定企业标准，成立标准化办公室 • 建立从设计、生产到质量控制的标准化生产与管理流程 **不断完善的精益化生产体系：** • 重新定义和拆分工序 • 看板系统 • JIT（准时制生产）采购 • 建立"T模式"大规模生产体系，通过"日清日高"管理法支撑"T模式"生产体系	**研发和技术合作：** • 在发达国家成立研发中心 • 与飞利浦、东芝等一流跨国企业开展技术合作 • 与模块化领域专业公司长期合作 **建立模块化供应链体系，建立SKD模块化生产线：** • 模块化设计 • 模块化生产 • 模块化采购 **通过流程/组织创新，支持新的供应链能力形成：** • 建立基于工作目标的内部"市场链"关系 • 通过流程整合实现内外部关键业务流程协同 • 基于此实现"161周单"	**拉式生产取代推式生产：** • 借助互联网实现用户参与产品构思和设计 • 借助信息技术和四新（材料、技术、工艺、装备）实现端到端订单追踪 **建立CTO能力产品+服务取代产品：** • 服务创新（日日顺） • 产品、服务一体化 • 虚实结合、按需服务 • 包括前端设计和后端售后服务等在内的服务闭环 **通过流程/组织创新支持新的供应链能力的形成：** • 建立"倒三角"组织 • 顾客驱动机制 • 契约机制 • "人单酬"机制 • "官兵互选"机制	**建立开放平台：** • 从串联到并联的流程颠覆 • 开放自身系统与制造体系，帮助有创意的设计师和制造商成长 **建立互利共赢的合作机制：** • 用户引领并交互式参与产品构思、设计、制造、服务等全流程 • 对接全球一流用户资源与模块资源，并通过网络效应吸引更多其他参与者，匹配各方供需并平衡利益分成 • 促进多方互动形成生态圈，通过七个平台的架构实现用户交互、开放式创新和智能制造的并联

红领集团：古老行业的供应链新生

红领集团是知名的西服成衣企业。与海尔所在的家电行业相比，服装行业更加古老、更加传统，几乎与人类文明史如影随形。这样一个曾长期处于手工作业阶段的古老行业，如何实现供应链创新？红领给了我们一个很有启发性的答案。

这家1995年成立的企业，从2003年开始，通过设计、生产等各个环节的数字化、模块化，实现了西服的大规模定制，开辟了独特的C2M（customer to manufacturer，即用户对工厂）模式，也和海尔一样实现了供应链能力的外部化，推出了自己的SDE（source data engineering，即源点论数据工程）工业定制转型解决方案，帮助更多传统制造企业获得新生。

红领集团的起家之地是青岛市即墨区，其实它是海尔的邻居。创业初期，红领和海尔类似，是一家大规模批量化生产企业，年产西服成衣3万套。当年这样规模的工厂在全国数以十万计，它们没有独特的资源与核心能力，靠OEM维持生存，挣钱非常辛苦。

红领的创始人张代理，与海尔张瑞敏一样，也是一个有心人，对于这种状况并不甘心。他在考察德国、日本等发达国家服装市场的时候，对它们的服装大规模定制业态印象深刻。因此，2003年，红领开始尝试转型，做大规模定制。但是，服装的大规模定制比家电更加困难——每个人高矮胖瘦不同，每个地区居民的衣着习惯不同，服装的款式又很多元化，上门量体裁衣的成本高昂，定制生产和交付的时间又不好控制，因此，当时中国人一提起服装定制，普遍的印象还是慢、昂贵、款式有限，很少有人相信这个行业真能实现大规模定制。

面对这些困难,红领开始了一场持续10多年的工厂试验,到2015年,初步完成了C2M大规模定制化改造;从订单、采购、技术、生产到物流,打通了大规模个性化定制的各业务环节。大体来说,红领的C2M模式有两个步骤非常关键,下面逐一看看。

红领C2M模式的两个关键步骤

红领C2M模式的第一步,是准确采集消费者数据。

在西服定制领域,红领号称拥有业内最完善的个性化需求数据。它开发了一套独特的身材细节数据体系,细化了身体部位,在测量尺寸的同时,可以实现对顾客形体特征的判断,比如判断顾客是否驼背。红领在北美等地有很多合作伙伴,它们在门店为顾客量体,依靠红领的这套体系,在5分钟内可以完成对19个部位共21个数据的采集。

在量体的同时,合作伙伴会给顾客推荐配什么样的扣子、领口采取什么样的倾斜角度等。在配件、面料、花型、刺绣等方面,红领给了消费者非常丰富的选择,顾客可以在红领合作伙伴的门店进行随心选择搭配。

最后,合作伙伴把数据迅速传给红领,红领拿到数据后会进行一轮审核——对于那些过于不合理的搭配,顾客拿到成衣时,也不会真正满意。

红领C2M模式的第二步,是以数字化、自动化模式完成生产过程,包括款式造型设计(完成款式图)、结构设计(打版)、工艺设计(缝制)三个环节。

在款式造型设计环节,红领把西服拆解成很多模块,包括领口、袖口、收身部分、口袋等，整体款式就成了不同模块选项的排列组合，为后面的数字化、自动化生产打好基础。

在结构设计环节，红领利用数据技术，摆脱了对靠经验判断的资深打版师傅的依赖，形成了一套非常好用的生产力工具。一个"小白"接受培训5个工作日，就能准确了解顾客身材。大量的人体三维数据与服装布片的二维数据对应起来，不断积累，形成数据库。一个美国顾客的个性化订单跨越太平洋到达山东青岛，全自动制版机在1分钟之内就能从数据库中调出与该顾客身材数据和个性选择适配的版型数据，从而迅速完成个性化版型输出。

在工艺设计环节，红领实现了生产流程的物联网化。从检查布块到制版机裁切布块，再到布块缝合、挑拣扣子，每位工人面前都有一台电脑识别终端，每件主料上都有一个RFID（射频识别）标签，主料到了工人面前，一刷标签，电脑屏幕上就会出现具体的操作提示——如何裁剪，如何缝合，旁边配好的辅料也会同时送达。每位工人只需要在精准的引导和配合下，高效处理自己环节的具体工作。依靠这种先进的模式，虽然每一件定制西服都是独一无二的，但整体生产成本仅仅比先前的大规模批量生产高出20%。

供应链能力外部化

在持续10多年的工厂试验中，张代理和工人们常年泡在工厂，成功将大规模批量生产时代的传统供应链改造成适应大规模定制化生产的柔性生产供应链。他们对原有流程进行反复试验，实现了合理拆解。他们对每个生产环节的工作量怎么分配、工作时间怎么安排等细节进行反复测算，实现了各环节的最优配置。

为了这场试验，红领前前后后投入近 3 亿元，其中大多数投到了信息化改造上。而红领获得的回报也是丰厚的。2015 年，红领的互联网服装定制业务，在业务量、销售收入和利润指标方面同比增长均超过 100%，其中占比 70% 以上的定制服装订单来自欧美国家。与此同时，红领积累了 200 多万名顾客的个性化定制数据，既包括版型、款式、工艺等方面的常规数据，也包括各类领型、袖型、扣型、口袋、衣片组合等方面更加具体的细节数据。在大数据和人工智能时代，这些数据资源的价值无可估量。

红领的传统行业供应链改造经验、独具特色的 C2M 模式，逐渐吸引了国内外大批"朝圣团队"。山东淄博一家牛仔裤代工厂与红领合作，完成了生产线改造，毛利率从 15% 上升至 50%。基于自身经验，红领顺势推出了 SDE，旨在为传统制造企业升级提供工业互联网解决方案，实现智能化、柔性化和个性化定制改造，打造数据驱动的智能工厂。截至 2016 年底，红领就已经与服装、鞋帽、电子产品、摩托车、自行车、化妆品等领域的数十家企业签订了合作协议。

下一步，红领计划打造基于网络平台的工业服务生态闭环，在帮助其他工厂转型升级之余，自己也开发除西服外的其他定制品类，以保证自己和改造后的合作工厂得到足够的订单。按照这个思路，红领成立了两家子公司。一家是酷特智能，主要作为 C2M 平台，通过个性化需求信息连接其他工厂、服装业创业者和裁缝店，帮助他们在掌握红领体系基础上，借助红领和生态圈资源，为消费者提供产品和服务；另一家是凯瑞创智，为不同行业的传统企业提供从课程培训到解决方案的一站式转型升级服务。类似于海尔，红领也开始从一家制造型企业日益转化为科技公司。

与海尔、红领等老牌制造型企业不同，下面的三个案例——尚品宅配、韩都衣舍和小米，从诞生起就含着"互联网+"的金汤匙，它们的供应链创新又有什么特色呢？

尚品宅配：家居行业大规模定制企业的供应链创新之路

尚品宅配是一家 2004 年始创于广州的家居企业。与海尔、红领不同，它的供应链创新的起点，不是传统的大规模生产，而是从设计端切入，实现了供应链的全线打通。

创业初期，尚品宅配是一家聚焦家居 3D 设计的服务型公司，在广州开设了橱柜定制体验门店，顾客可以免费享受 3D 彩色现场设计服务，像试穿衣服一样，尽情进行选择搭配，甚至可以自己参与设计。最终效果可以通过虚拟现实技术提前预览，同时价格也能自动生成。这种模式在当时非常新颖，顾客体验很好，生意异常火爆。随后，尚品宅配从橱柜定制设计扩展到衣柜定制、全屋定制，它收集了全国各大城市数万个楼盘的房型数据，建立了自己的"房型库"，这种模式相当于宜家家居的定制化升级，满足了顾客不断变化的个性化需求，拥有很强的竞争优势。

这种模式下，尚品宅配专注于设计环节，生产全部外包，摆脱了令很多企业头疼的库存烦恼，这也有利于其保持轻资产运营。但是，这种模式同时也让产品质量参差不齐，交货周期漫长、多变，风险隐患不断积累。终于，到 2006 年，生产外包的隐患爆发，创始人李连柱不得不开始考虑转型问题，最终决定自己建厂，正式进军家居生产和销售。

尚品宅配因为没有经历过传统的大规模生产阶段，所以也就没有传统供应链的包袱。它仅仅用了3年时间，就建成了特色鲜明的大规模定制工厂。此过程中两个环节很有启发性。

第一，在产品选型环节，尚品宅配充分考虑计算机辅助制造软件的特点，基于数控机床加工工艺的限制，将大规模定制生产聚焦于板式家具。实践证明，这是最适合大规模定制的家具类型。

第二，在生产环节，尚品宅配利用软件将订单产品分拆成零部件模块；借助最优生产排程，实现原材料最大限度的利用；引入二维码，给每个零部件一个"身份证"，确保装配有条不紊。同时，尚品宅配说服设备厂商，开放大规模生产设备的接口，让它们对接尚品宅配自主开发的软件，实现个性化精细切割和最优排程；给设备装上识别系统，让设备识别零部件的"身份证"，实现自动化生产控制，并接入尚品宅配的全流程信息化体系。这样一来，原来只知道埋头苦干、重复劳动的大规模批量化生产设备，成了具有一定智能水平的"生产机器人"。通过花费这样的真功夫，尚品宅配实现了自己的目标，因为生产100个不同的柜子，与生产100个一模一样的柜子，在成本上没有太大区别。

同时，尚品宅配在供应链前后端也实现了全程整合。图3-1展示了尚品宅配基于信息技术的供应链整合创新体系。

和海尔、红领类似，尚品宅配在完成了自身的卓越供应链打造之后，也开始建立整合性的家居服务平台，吸引更多的设计师、生产商和消费者加入，实现价值共创。

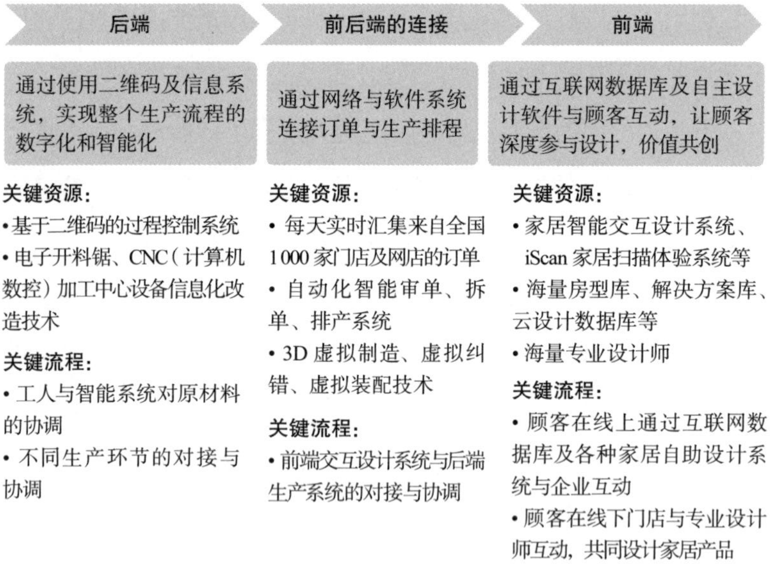

后端	前后端的连接	前端
通过使用二维码及信息系统,实现整个生产流程的数字化和智能化	通过网络与软件系统连接订单与生产排程	通过互联网数据库及自主设计软件与顾客互动,让顾客深度参与设计,价值共创
关键资源: • 基于二维码的过程控制系统 • 电子开料锯、CNC(计算机数控)加工中心设备信息化改造技术 **关键流程:** • 工人与智能系统对原材料的协调 • 不同生产环节的对接与协调	**关键资源:** • 每天实时汇集来自全国1000家门店及网店的订单 • 自动化智能审单、拆单、排产系统 • 3D虚拟制造、虚拟纠错、虚拟装配技术 **关键流程:** • 前端交互设计系统与后端生产系统的对接与协调	**关键资源:** • 家居智能交互设计系统、iScan家居扫描体验系统等 • 海量房型库、解决方案库、云设计数据库等 • 海量专业设计师 **关键流程:** • 顾客在线上通过互联网数据库及各种家居自助设计系统与企业互动 • 顾客在线下门店与专业设计师互动,共同设计家居产品

图 3-1　尚品宅配的供应链整合创新体系

它的具体打法,是把整合平台分成三部分。第一部分是"家居设计开放式服务平台",针对设计端,全行业设计师都可以分享尚品宅配的海量产品库、房型库资源,利用计算系统,设计出与不同房型、不同风格的家居相匹配的解决方案,以满足市场需求,实现自身成长。第二部分是"家居企业技术支持平台",针对生产端,为外部企业提供技术和软件支持,实现生产智能化升级。第三部分是"家居产品电子商务平台",针对消费端,方便客户在线观看效果图与布置方案,跟踪生产配送全过程。尚品宅配希望通过三个平台的整合,实现价值链协同,增强整个行业的服务创新能力。

可以看到,尚品宅配为了解决起步阶段采取外包生产模式在产品质量、交货周期等方面产生的现实痛点,应对供应链效率不高、稳定性欠缺的问题，开始从设计环节向产品选型、定制化生产等供应链其他环节延伸，实现供应链全程整合，打造端到端的供应链能力，并在此基础上建设家居服务整合平台，吸引更多合作者，在更大范围内实现协同共创。关于尚品宅配供应链创新的更多细节，详见中国工商管理国际案例库中的案例《尚品宅配：家居大规模定制企业尚品宅配的供应链创新之路》。

韩都衣舍：面对复杂多变需求的供应链整合创新

韩都衣舍曾经是最著名的服装界"淘品牌"之一，其早期的商业模式是批发韩国时装，在淘宝平台销售。这种模式曾经非常流行。但到2009年前后，韩都衣舍发现，批发代购模式已经很难应对需求的快速变化，赚钱越来越难。于是，从2010年起，韩都衣舍开始自建品牌，从"淘品牌"转型为真正的服装品牌。摆在它面前的一座大山，是如何避免供应链的牛鞭效应（bullwhip effect）。

牛鞭效应是什么呢？这是一个经济学术语，指的是供应链冗长低效，导致需求信息出现了扭曲和放大，就像甩动赶牛的鞭子一样，鞭头只用了一点儿力气，鞭梢却很大力地打在牛身上。

对于服装产业来说，传统的供应链模式是品牌商预测需求，提供创意和设计，之后是原料采购环节，之后OEM生产产品，再通过一级分销商、二级分销商、零售商的销售网络，最终完成销售。此过程从头到尾至少需要三个月，有时甚至需要一年。

但是，客户对服装的需求是迅速多变的，根据一年前的需求信息生产的产品，能卖得出去吗？

还有一种情况是，最下游的零售商向二级分销商订货，二级分销商向一级分销商订货，一级分销商向品牌商或制造商订货，终端需求可能只有一点儿变化，但层层积累到供应链上游，却会产生巨大的震动。对需求高度不确定、产品更新换代极快的服装行业来说，传统供应链很难准确把握需求、避免供需失衡。雪上加霜的是，这个问题很难通过一个组织内部的优化来解决。

韩都衣舍要如何创新供应链，才能摆脱牛鞭效应呢？在供应链流程上，韩都衣舍利用电商平台压缩传统漫长的流程，去掉多层中间环节，实现与消费者的直接互动，可以看到消费者什么时间浏览了产品、什么时间下了单。其通过掌握实时数据，帮助缩短生产提前期和订货等待时间，满足服装行业"多批、多款、小量"需求，有效降低了牛鞭效应的影响。韩都衣舍对传统服装行业供应链流程的颠覆，如图 3-2 所示。

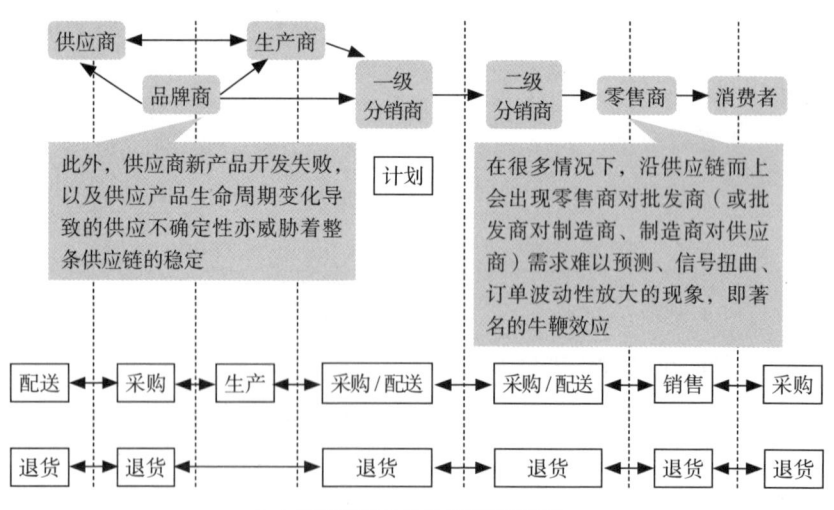

（a）传统服装行业供应链流程设计

```
供应商 → 生产商 → 韩都衣舍 → 电商平台 → 消费者
```

降低需求不确定性：
利用互联网和信息技术实现上下游信息共享，建立柔性供应链

降低需求不确定性：
利用互联网打通中间环节，建立扁平化渠道，与消费者零距离互动

配送 ↔ 生产 ↔ 采购协同 ↔ 页面协同 ↔ 销售　　采购

降低供应不确定性：
上下游协同无须跨越组织，而是在组织内部实现

设计/计划协同　　　评价/Q&A（问与答）

配送

退货 ↔ 退货 ↔ 退货 ↔ 退货 ↔ 退货

（b）韩都衣舍供应链流程设计

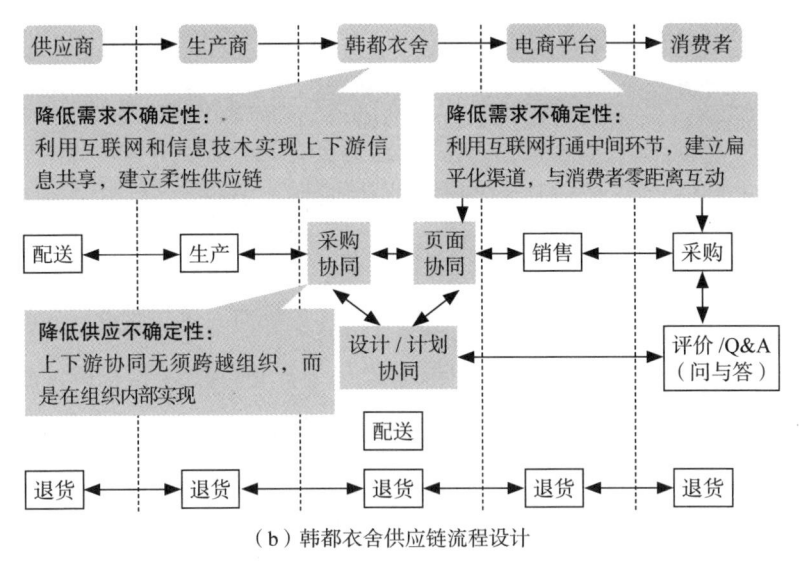

图 3-2　传统服装行业供应链流程设计与韩都衣舍供应链流程设计对比

与尚品宅配从设计端切入生产端的发展路径不同，韩都衣舍一直没有自行生产，而是把生产外包给具有柔性生产能力的合作工厂。为了适应这种模式，韩都衣舍在内部组织上大胆创新，打破了部门林立、研发采购生产各自为政的传统模式，将内部职能部门打散，形成多个小巧灵活的三人产品小组。每个小组由一名服装设计师、一名网络营销师和一名货品管理专员组成，围绕设计、生产和营销三个环节，形成跨功能组合。其中，服装设计师根据顾客需求设计产品，网络营销师负责在网络平台对产品进行展示、宣传，货品管理专员则对接产品原料采购和生产过程。每个小组都能根据需求数据快速响应，对接制造商，以保证产品质量，同时在款式、尺码、库存、补货、价格、促销等方面拥有决策权，对销售额、毛利率、库存周转率等指标负责，而这些与小组成员的个人业绩直接挂钩。

产品小组机制的运行非常成功，既提升了供应链效率，也促进了内部良性竞争。韩都衣舍的其他生产性服务部门如供管部、行政部、财务部、人力资源部等负责为产品小组运转提供支持。除此之外，公司还专门成立了企划部，主要负责统筹资源分配，协调各小组与供应商的合作关系。这个部门针对不同小组的需求，设置不同量化指标，决定生产任务如何向供应商进行分配。

对于不同供应商，韩都衣舍设计了严格的准入和考核机制。要成为它的合作供应商，除了要符合传统的交货要求之外，还需要有小批量、灵活的生产能力。要知道，韩都衣舍的最小初始订单只有50件的规模，反复补货是常态，合作供应商必须有能力快速响应，完成生产任务。韩都衣舍还会持续评估合作供应商表现，进行动态评级，对于合作良好的，评级上升，订单量就会水涨船高，反之，订单量就会越来越少。合作供应商如果连续出问题，进入雷区，则会有暂停合作的风险。

为了让非常灵活的内外部供应链整合工作落地，韩都衣舍研发了强大的信息系统，包括供应链管理系统、订单管理系统、仓储管理系统、运输管理系统、摄影管理系统、商业智能系统等。产品小组的灵活作战、客户数据的快速发掘、供应链的高度整合、商业模式的不断创新，背后正是这些专业信息系统的坚实支撑。

在服装行业快速多变的竞争环境下，韩都衣舍通过重整供应链流程、创新产品小组模式、快速把握客户需求、高效整合供应商需求，成功实现了自建品牌的转型升级，也为行业提供了很好的范例。于是，从2014年起，韩都衣舍也走上了供应链能力对外输出的道路，开辟了互联网时尚品牌孵化业务，一方面借助自己的供应链能力为传统服装品牌、独立设计师品牌、知名度较低的外部品牌提供服务，另一方面，通过广泛连接厂商和顾客群体，形成基于众多时装品牌的平台生态圈。关于韩都衣舍供应链创新的更多细节，详见中国工商管理国际案例库中的案例《韩都衣舍：从淘品牌到互联网品牌孵化平台》。

小米：从网络营销到线上线下融合

小米是近年来快速崛起的科技型制造企业之一。它的发展历程不长，却也经历了一个完整的供应链升级过程。回顾一下它的历史，从开发MIUI（米柚）、米聊，进行软件创新，到进入手机硬件领域，并延伸到其他硬件产品，再到整合线上线下业务，小米形成了全渠道和生态圈。这一发展历程，可以概括为图3-3所示内容。

在发展第一阶段，小米建立手机发烧友社群，精准了解客户需求，优化手机设计方案，成功创建手机品牌。在这个阶段，小

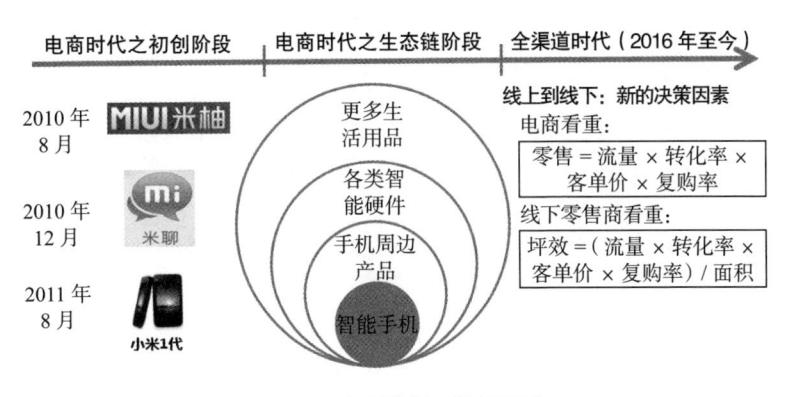

图3-3 小米发展三阶段示意

米别出心裁地深耕用户培育，向用户开放产品、服务、品牌、销售相关全过程，形成了一个极具用户参与感的手机品牌。小米甚至形成了自己的方法论，这就是著名的"参与感三三法则"，包括三大战略——做爆品、做粉丝、做自媒体，三大战术——开放参与节点、设计互动方式、扩散口碑事件。

依靠这个打法，小米迅速积累了庞大的发烧友群体。从2010年开始，它在智能手机这个全球竞争激烈程度处于第一梯队的行业，从零起步，用了短短两年半时间，就跻身中国手机行业前列。而小米开创性的"高配低价、网络营销、生产外包"模式，还有那句大家耳熟能详的"为发烧而生"，使它成为众多企业的对标和效仿对象，甚至成了互联网思维的代言人。

一炮打响之后，小米进入了发展第二阶段，一方面继续在智能手机领域稳扎稳打，另一方面向更多的硬件产品领域进军，从充电器、移动电源之类的手机周边产品，到智能音箱、智能手环这样的硬件产品，再到电视、空调等家电产品。这些产品大多不是小米自产的，而是来自外部的生态链企业。小米有一个由170人组成的专门的生态链团队，全方位调动小米资源，给生态链企业提供投融资、供应链、渠道、营销等方面全方位的支持。小米自己也会投资生态链企业。仅仅两年之内，小米就陆续投资了55家硬件创业公司，其中9家从零开始孵化，7家营收短期内便攀升至上亿元。做智能穿戴设备的华米、做智能家居产品的云米等4家公司，先后成功上市。

到了发展第三阶段，小米开始推动全渠道时代的线上线下融合创新。小米手机面世之后，主要依靠网上销售，但到了2015

年，小米开始感受到 OPPO、vivo 等竞争对手的强烈威胁，而它们主打线下零售牌。在看到线下渠道的不可替代性之后，小米在 2016 年 2 月正式铺开线下零售网络，将原先大多开在写字楼里、以维修与体验为主的"小米之家"，转型为线下零售店铺。转型之后的"小米之家"从写字楼里走出来，杀入一、二线城市核心商圈，对标星巴克、优衣库、无印良品这样的快时尚品牌。按照小米提供的数据，店面平均面积 200 平方米，月均销售收入 519 万元，年坪效，也就是每平方米店面一年创造的收入，达到了惊人的 27 万元，超过国内零售店平均水准的 20 倍，即使放在全球，也仅次于苹果店（40 万元），可以说相当优秀了。

雷军认为，因为客户更换手机的周期一般不会短于两年，所以门店只卖手机的话，销售效率就不高了。因此，"小米之家"的产品，既包括自有品牌的手机、电视、路由器等，还包括近百家小米生态链企业的产品。"小米之家"会充分利用先前积累的互联网数据，预测在什么地方、什么产品更容易畅销，进行选品安排，也会延续在线上营销场景中非常有效的"爆款产品"打法，一方面提高客户消费频率，另一方面带动客单价提升。

在这个阶段，小米的打法概括起来，就是硬件＋互联网＋新零售的"铁人三项"模式。其利用小米手机这个爆款单品，带动生态链各种产品的销售，形成生态圈，而生态圈又反哺手机销售；产品范围扩大后，通过创客平台，小米利用自己的产品设计和供应链管理能力，带动生态圈不断扩大。用一句话来概括，就是形成爆品推动平台、平台孵化新爆品的良性循环。

制造业供应链的创新路径与模式

通过前述五个各具特色的实战案例，我们可以进一步归纳出制造业供应链创新的共性。这种创新的起步方式有两种：一种从生产端开始，另一种从需求端开始。

传统制造商的创新路径

海尔和红领集团的供应链创新都是从生产端开始的。它们都是从传统的推式生产开始，然后转向客户拉动的、拥抱互联网的C2M生产，最后演化为基于C2M的S2B（supply chain platform to business，即供应链平台对企业）平台生态圈，为第三方企业提供供应链赋能服务。

其中，海尔的供应链创新之路，是从传统的白色家电大规模生产模式开始的，然后发展到大规模定制模式，并转向服务型制造，最终成功打造基于供应链的生态圈。

红领集团则是以传统的西服大规模制造起家，经过多年努力，潜心改造供应链，实现西服的大规模个性化定制，后来将升级经验分享出去，为外部企业诊治问题，提供转型升级服务，以此形成供应链服务生态圈。

它们的创新经验对于传统制造型企业供应链的创新升级，具有直接的指导意义。它们的供应链创新模式可参见图3-4。

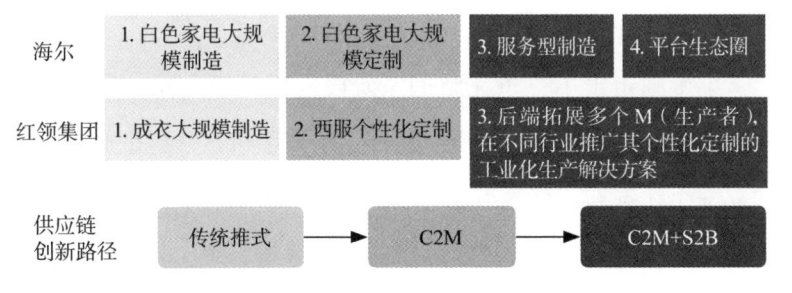

海尔	1. 白色家电大规模制造	2. 白色家电大规模定制	3. 服务型制造	4. 平台生态圈
红领集团	1. 成衣大规模制造	2. 西服个性化定制	3. 后端拓展多个M（生产者），在不同行业推广其个性化定制的工业化生产解决方案	
供应链创新路径	传统推式 →	C2M →	C2M+S2B	

图 3-4　传统制造型企业的供应链创新模式

互联网时代进入制造业的企业的创新路径

与海尔、红领集团不同，尚品宅配、韩都衣舍和小米这三家企业没有传统制造型企业的基因，它们从创建开始就具有互联网特性。它们都是从需求端起家，在了解和掌握了客户需求之后，深入后端生产，最终实现线上和线下的有效整合。不过，它们完成了自身供应链升级之后，也开始为第三方企业提供供应链赋能服务，形成 S2B 平台生态圈。这和传统制造型企业供应链升级的高级阶段也算殊途同归了。

其中，尚品宅配是以计算机辅助设计和零售服务起家，然后升级为家居整体定制方案提供商，深入后端生产，完成供应链流程再造，实现家具大规模定制生产，最终形成整合设计师与制造商的家居平台生态圈。

韩都衣舍是以"淘品牌"起家，走上自有品牌创建之路的。它虽然将生产外包，但对供应链流程实行严格管控，通过由产品小组、企划部加供应商分级管理组成的"组合拳"，实现对产品质量、生产计划、顾客参与等关键环节的有效控制。随后，它将供应链能力开放给第三方，建立了快时尚孵化平台。

小米则走出了一条完整的三阶段发展升级之路：第一阶段，建立电商平台和论坛，吸引发烧友，研发手机，外包生产，成功建立一个让各方富有参与感的手机品牌。第二阶段，将打法复制到外围和周边产品，形成产品集群和品牌生态圈。第三阶段，打造线上线下融合的全渠道零售平台，结合供应链解决方案，形成良性循环，带动生态圈不断扩大。

它们的供应链创新模式可参见图3-5。

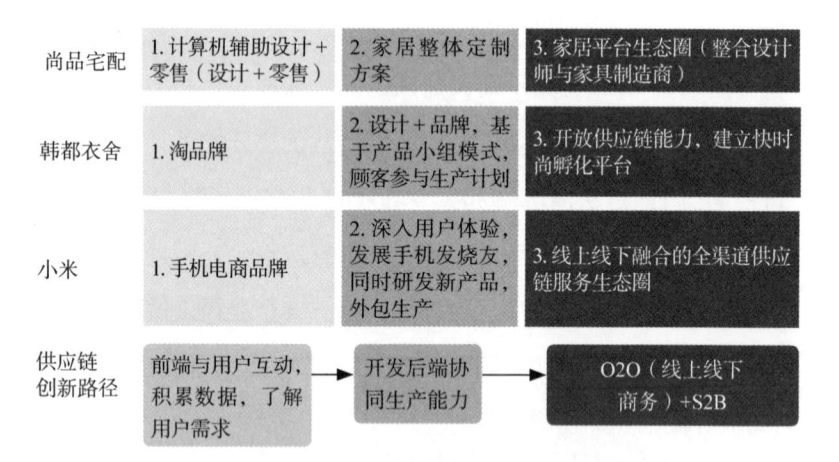

尚品宅配	1.计算机辅助设计+零售（设计+零售）	2.家居整体定制方案	3.家居平台生态圈（整合设计师与家具制造商）
韩都衣舍	1.淘品牌	2.设计+品牌，基于产品小组模式，顾客参与生产计划	3.开放供应链能力，建立快时尚孵化平台
小米	1.手机电商品牌	2.深入用户体验，发展手机发烧友，同时研发新产品，外包生产	3.线上线下融合的全渠道供应链服务生态圈
供应链创新路径	前端与用户互动，积累数据，了解用户需求	开发后端协同生产能力	O2O（线上线下商务）+S2B

图3-5　互联网时代制造型企业的供应链创新模式

最后回顾一下本章内容。

制造业对中国的发展有着重要的战略意义。目前，中国的制造业面临转型升级，正走在从"中国制造"到"中国创造"的转型之路上。这条路不容易走，制造业的供应链创新，是推动其转型升级的重要力量。

那么，一个制造型企业如何通过供应链创新来实现转型升级，提升竞争力呢？无论是传统的制造商，还是互联网时代新兴的制造商，制造型企业供应链创新的核心逻辑，都是以客户需求为核心动能，实现从设计、生产、配送到销售的全链条贯通，进而在此基础上强化供应链协作，打造生态圈，最终形成供应链能力的对外输出，使制造型企业在更加广阔的世界立于不败之地。

从供应链视角来看制造型企业的转型升级，可以看到，制造型企业以客户为导向，注入现代供应链管理的思维基础，深化应用数字化技术，对原有供应链进行更新改造，可以在三个方面实现迭代升级（见图3-6）。

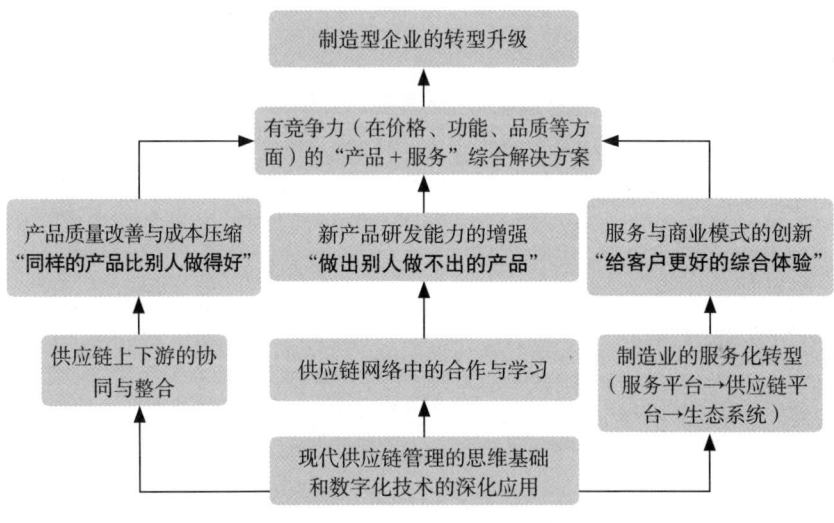

图3-6 供应链视角下的制造型企业转型升级路径

一是通过供应链上下游的协同与整合，实现产品质量改善与成本压缩，达到"同样的产品比别人做得好"或是"同样的产品比别人的便宜"。

二是通过供应链网络中的合作与学习，实现新产品研发能力的增强,达到"做出别人做不出的产品"。

三是通过制造业的服务化转型,甚至通过从服务平台到供应链平台再到生态系统的扩展,实现服务与商业模式的创新,达到"给客户更好的综合体验"。

这三方面的迭代升级,能够帮助企业为客户提供在价格、功能、品质、个性化可定制性等方面具有充分竞争力的"产品+服务"综合解决方案,使制造型企业发展的根基更加坚实。

第四章
供应链创新驱动的流通业转型升级

> 流通型企业如何实现供应链转型升级？
> 百年企业冯氏集团如何从传统贸易商，成长为流通业供应链服务巨头？
> 东煤交易如何从煤炭贸易商，进化为供应链生态圈领导者？
> 怡亚通怎样建成连接百万家小店的供应链生态圈？

中国流通业转型升级的机遇与挑战

流通业是从事商品或服务流通与交易的行业。

流通业对经济发展的价值不言而喻。除了提升物流效率之外，它还有一个极为重要的功能——它是传递消费者与制造商之间信息的桥梁，承担着传递客户需求、缓解信息不对称困境的重任。如果客户需求无法及时准确传递，那么结果就是，要么库存积压，要么严重缺货，抑或客户的多样化需求无法得到满足，高质量发展便无从谈起。

目前，我国流通业正处于急速发展阶段。部分自带互联网基因的新兴流通型企业正在尝试颠覆行业规则，但一大批传统流通型企业亟待转型升级，流通业两极分化比较严重。同时，对于整个流通业来说，无论是新兴企业还是传统企业，在供应链管理上都面临着来自技术变革、服务经济转型、商业模式创新等方面的冲击——既有机遇，也有挑战。

在技术变革方面，目前，一系列新兴技术日益得到推广应用，如大数据、云计算、AI（人工智能）、区块链、生物识别、物联网、移动支付等，它们正在改变流通领域的面貌。智慧物流、智慧商店、智慧社区和智慧商圈快速发展，使得流通业正在由传统的劳动密集型产业，向资本、技术密集型产业的方向迭代、进化，数字化、智能化水平与日俱增。如何运用新兴技术助力转型升级，成为众多流通型企业必须思考和回答的问题。

在服务经济转型方面，随着现代服务经济的兴起，客户对于流通业服务体验的诉求越来越强烈，定制化、个性化流通服务成为行业竞争利器。如何捕捉复杂多变的客户需求，量身定制个性化物流方案，为客户提供更专业、更灵活、更敏捷的服务，成为流通型企业的探索方向。

在商业模式创新方面，流通型企业同样面临机遇和挑战。流通型企业的重要价值之一，是不断发现新的客户需求，进行定制化服务，并将信息快速准确地传递给生产部门。但是，传统商业模式之下，流通型企业并不直接接触消费者。因此，流通型企业必须将关注点从传统情境下的供应链生产端扩展至需求端，甚至主动发挥资源整合能力，将供应链上的企业组织起来，根据客户需求提供产品和服务。从被动的"生产什么我就运什么",转向主动的"我来告诉你生产什么",这是商业模式的巨大创新。

当前,中国正在大力构建以国内大循环为主体、国内国际双循环相互促进的新发展格局。建设现代流通体系,推动流通业与制造业等相关行业融合发展,是其中一项重要战略任务。妥善应对前述众多方面的机遇和挑战,既是流通型企业的使命职责,也是其在复杂市场竞争中立于不败之地的关键所在。流通型企业要抓住机遇、迎接挑战,实现融合式的高质量发展,就必须实现有自身行业特点的供应链创新升级。

成为领导者:流通业供应链的最佳实践

下面,我们选取三家比较典型的流通型企业,探讨和总结实现供应链创新的经验。

冯氏集团:百年老店的供应链数字化之路

冯氏集团(简称"冯氏")于1906年始创于广州,后迁至香港,历史已超过一百年,它从传统的出口贸易商,逐步发展成了全球知名的流通型企业。它历经六个阶段,走出了一条比较完整的供应链创新升级之路。

贸易中间人

冯氏成立初期,作为一家贸易商,主要是在供应商和客户之间充当中介，也就是扮演传统的"贸易中间人"角色。这一阶段，冯氏在供应链的价值链层面活动较少，仅仅根据客户需求，寻找合适供应商，通过提供信息中介服务获得佣金。贸易双方自行签约，自担风险。后来，一方面，面对日趋激烈的竞争，贸易商仅靠提供"牵线搭桥"式的信息中介服务越来越难以生存；而另一方面，出于降低成本的考虑，更多制造商开始自行寻找客户，更多客户开始自行组织采购，进一步压缩了信息中介的生存空间。在这种情况下，冯氏开始了第一次转型。

采购代理商

20世纪70年代，国际贸易保护主义抬头，西方国家开始实行限制性的纺织品配额制度，采购业务日趋复杂。冯氏顺应变化，抓住机会，开始扮演地区性"采购代理商"角色。这个角色做什么呢？首先，冯氏根据客户需求，寻找合适供应商，这和"贸易中间人"所做的看上去很相似，但这只是基础，冯氏还提供进一步的增值服务——为客户设计并执行专业的采购计划，监督供应商的生产进度，甚至向供应商派驻专业人员，检验原料，监督生产过程，检验最终产品质量。可以说，冯氏在价值链上大大迈进了一步。

无疆界生产资源整合者

随后，冯氏继续向前迈进，成为"无疆界生产资源整合者"。客户只需要给冯氏一个初步的产品概念，在外形、颜色、品质、功能等方面提出要求，冯氏便由此制订完整的生产计划，整合不同国家或地区的优势条件，在跨越疆界的广阔空间安排采购、组织生产、监控工厂，确保供应商及时交付质量达标的产品。

虚拟生产商

"无疆界生产资源整合者"已经很先进了,但冯氏并没有停止脚步,它参考自己1999年收购金巴莉公司的经验,将经营模式进化到了"虚拟生产商"模式。在这种模式下,冯氏自己作为供应商,直接和客户签订合同。但它并不自行生产,而是将客户的订单外包给固定的合作工厂,除了生产本身,从设计、采购、样品生产、过程监控、物流到进出口安排,一切工作都由冯氏完成。

网络整合者

在虚拟生产商的基础上,为了更大地提高供应链的整体运行效率,冯氏进一步扩展功能,开发更加全面的供应链服务,成为"网络整合者"。除了虚拟生产商所承担的一系列功能外,这个阶段,冯氏负责安排一系列当地的物流和出口环节,包括当地运输、出口运输、办理进出口文件和清关手续等。对于供应链上具有潜质的合作者,包括原料供应商、生产商、进口商、批发商和零售商,冯氏甚至会提供融资服务,以确保供应链的每一个节点都能以最佳状态运行。对于供应链的整体规划,冯氏则会不遗余力地进行分析和优化,以求提高运行效率,尽可能缩短交付周期,为每一位客户提供具有时效性和成本竞争力的产品。

供应链生态圈数字化实践者

冯氏没有在"网络整合者"的阶段停滞不前,面对科技迅速发展、互联网技术深化应用、全渠道贸易的兴起,它又开始了新一轮的供应链改造。这一轮的重点,是供应链生态圈的数字化。冯氏通过大数据和互联网技术,为不同行业客户提供从产地到目的地、多点到多点的数字化流程管理方案；运用自身的供应链知识和经验，对客户现有供应链进行评估，挖掘进一步节省成本、提高效率的潜力，进而形成高度数字化的供应链生态圈。

以时装行业的供应链数字化为例，冯氏在设计环节引入开源设计、大众设计，并辅助以AR（增强现实）和3D打印等最新技术，让设计贴合市场需求；在需求规划和市场推广环节，引入自学习算法等人工智能技术；在采购和生产环节，运用制造型企业供应链升级经验，充分运用无线射频识别、弹性生产、数字化生产等技术，实现智能制造；在货运、仓储、配送环节引入智能技术，实现需求驱动下的实时控制；在销售环节实现数字化的全渠道销售。最终，冯氏通过建立产品开发平台和多渠道的采购、物流、销售平台，构筑了一个高度整合、实时透明、灵活机动、渠道多元、共赢共享的数字化供应链生态圈。

冯氏主席冯国经提到，供应链数字化是产业创新与绿色转型的重要推手。冯氏旗下的利丰贸易、全海国际货运代理、数字化业务平台、利妍、利洋针织，以及利家家具等事业部都在努力推动所属产业的绿色可持续发展。例如，专注家具业务的利家家具展出了名为"有意识创新"的办公椅——使用回收塑料和来源可靠的原材料，并在符合环保要求的设施中生产而成。专注针织行业供应链的利洋针织则全新开发出气凝胶针织和超级针织两款功能性面料，以健康舒适的材质推动针织行业可持续发展。而专注美妆供应链的利妍新推出了名为"蓝"与"奇幻乐园"的环保包材和美妆配饰系列产品，以及"无限铝"（旗舰产品）等环保可循环包装系列产品，引领美妆行业的可持续未来。

百年企业冯氏走过的供应链创新之路，是一条流通型企业从被动到主动、从行业边缘的信息中介角色到整合行业各环节的中心角色的升级之路，这一历程可参见图4-1。关于冯氏发展历程的更详细描述，可进一步阅读载于中国管理案例共享中心的案例《从边缘到中心，利丰贸易的成功》。

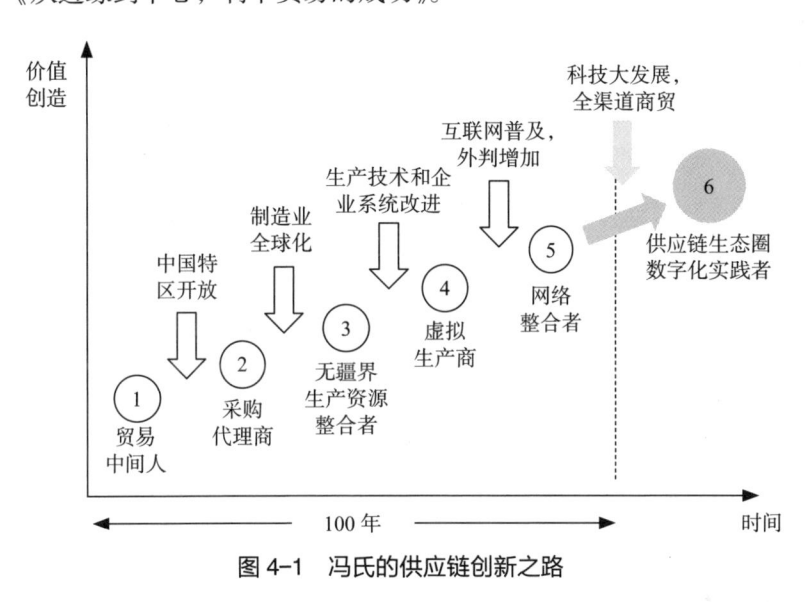

图4-1 冯氏的供应链创新之路

资料来源：载于中国管理案例共享中心的案例《从边缘到中心，利丰贸易的成功》。

东煤交易：从煤炭贸易商到供应链生态圈领导者

东北亚煤炭交易中心，简称东煤交易，是中国第一家基于互联网、面向全球资源与市场的煤炭供应链服务平台。它的供应链创新升级之路，也是一条从传统贸易商到行业生态圈领导者的成长之路。

传统贸易商

东煤交易的前身是1999年成立的传统煤炭集采分销企业泰

德煤炭。在煤炭行业的鼎盛时代，这样的企业数不胜数，其中很多都满足于在市场的买家和卖家之间拉关系，利用信息不对称挣快钱。不过，泰德煤炭的创始人李洪国从一开始就比较稳健，他不满足于利用这种牵线搭桥挣快钱，而聚焦于集中采购带来的成本节约，再加上港口运输返利，这些形成了稳定的收入来源。依靠这种业务模式，泰德煤炭在贸易业务中获得了不错的收益，也积累了良好的行业口碑。

不过，李洪国是一位颇有危机意识的企业家，虽然20世纪90年代末开始，煤炭行业进入了一个黄金时代，市场活跃，贸易商的生存空间看上去非常宽广，但他认为传统的贸易业务严重受制于行业周期，企业要持续发展，就应当形成不靠老天吃饭的核心竞争力。泰德煤炭的核心竞争力是什么？李洪国瞄准了供应链管理能力。

煤炭供应链管理专家

2005年起，泰德煤炭开始集公司之力，将煤炭供应链管理能力打造为核心优势，公司核心业务也从传统的煤炭贸易，调整为提供面向煤炭供应商和客户，并将煤炭贸易、运输、仓储、轻加工、配送、信息服务、融资服务等各个环节整合起来的第三方煤炭供应链管理服务。

这一转型的关键问题，在于如何将无形的供应链管理经验转化为可见、可用、可变现的服务能力。为此，泰德煤炭专门引进了专业的供应链管理工具——供应链运作参考模型（supply chain operations reference-model，简称"SCOR模型"）。这是一个以流程为核心的参考模型，它提供了一种描述供应链的共同语言，整合了有效的管理概念，为提高供应链效率提供了指导。

通过这一模型，泰德煤炭将长期以来积累的煤炭贸易知识和供应链管理经验梳理出来，实现了流程显性化、可视化、自动化。由此，泰德煤炭可以帮助煤炭行业客户，对业务流程进行分析，对标最佳实践，实现流程优化和绩效提升，从而提高竞争能力。

除了提供标准化服务之外，泰德煤炭根据不同客户的不同诉求，量身打造个性化的供应链管理服务。在"煤炭海进江"这类流程复杂、全方位考验供应链协作与整合能力的创新业务领域，泰德煤炭大显身手，有效提高供应商、客户、物流商、其他合作伙伴和企业内部的协同水平，实现效率提升、成本降低、节能环保等多方面的价值。于是，在2007年初，泰德煤炭改名为"泰德煤网"，打出了依托电子信息网络、提供煤炭供应链整体解决方案的鲜明旗号。

煤炭供应链管理平台

2009年，煤炭行业的一轮"黄金十年"进入尾声，煤炭资源和运力开始过剩，行业洗牌加速。泰德煤网因为转型及时，不仅屹立不倒，而且抓住了全新的发展机遇。李洪国敏锐地发现，煤炭行业原有的熟人小圈子式的生意模式迅速崩塌，该行业对于市场信息透明化的需求日益迫切，同时，粗放式经营难以为继，提高交易效率、降低管理成本变得越来越重要。2010年，李洪国在"泰德煤网"的基础上，打造了全新的线上煤炭供应链管理平台，这就是东煤交易。

这个平台集煤炭交易、信息服务、物流服务和供应链金融等功能于一体，能够为企业会员提供一站式的标准化供应链服务，让煤炭交易全程更高效、更透明。对于煤炭这样一个传统的资源型行业来说，东煤交易在很多方面都没有成熟经验可以借鉴。但它依靠自身强大的信息技术能力，通过反复探索，最终打通了从煤矿、铁路、港口到质检机构、贸易商、电厂的供应链各个环节，成功设计出煤炭标准化现货交易服务体系，以此吸引了海量客户群体，之后开始对外开放供应链能力，向买家、卖家、物流商、贸易商等各个环节的企业会员提供一站式的供应链管理服务，这样的转型是具有开创性意义的。

煤炭供应链生态圈领导者

和冯氏的发展路径类似，东煤交易在建成煤炭供应链管理平台的基础上，也开始以领导者的姿态不断扩大产业生态圈。2014年以来，东煤交易陆续推出主打本地化会员服务的东煤城市俱乐部，主打线上线下社群一体化的东煤社区，主打煤炭交易电子商务创新的东煤交易会（后升级为夏季全国煤炭交易会）。这些产品面向不同圈层的平台伙伴，推动以高效、开放、分享、环保为核心理念的互联网煤炭生态圈不断发展，带动行业的供应链管理水平整体提升。

在这个阶段，东煤交易借助平台海量客户群体带来的丰富数据资源，应用区块链技术，通过信用深度挖掘、信息全程共享，来解决行业信息不对称、供应链环节复杂等诸多问题，为安全、精准、高效的供应链金融服务创造条件。图4-2展示了东煤交易"供应链+生态圈"的产融结合商业模式。

东煤交易经历了从传统贸易商到煤炭供应链管理专家，到煤炭供应链管理平台，再到煤炭供应链生态圈领导者的发展之路。

这四个发展阶段参见图 4-3。

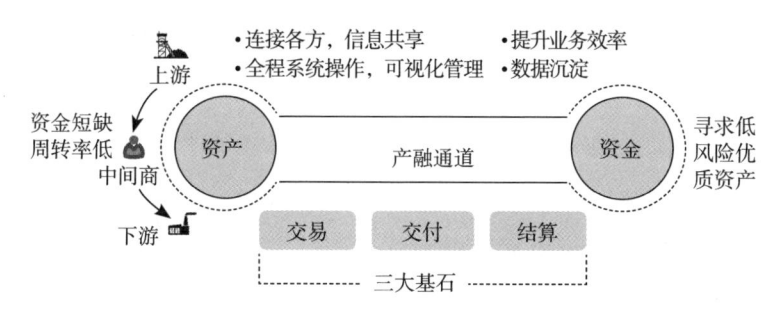

图 4-2　东煤交易"供应链+生态圈"的产融结合商业模式

资料来源：载于中国工商管理国际案例库的案例《东煤交易：基于互联网的供应链再造与商业模式创新》。

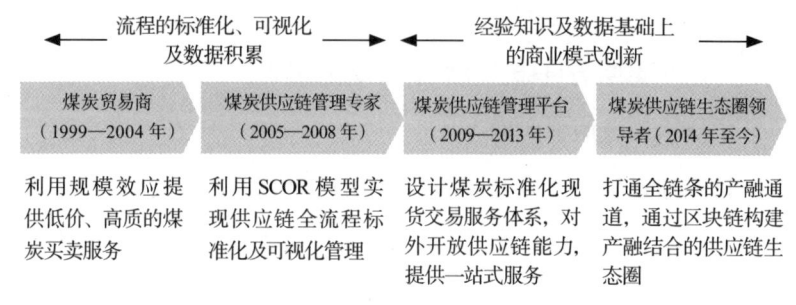

图 4-3　东煤交易供应链创新的四个发展阶段

如果想了解更多细节，可以参考载于中国工商管理国际案例库的案例《东煤交易：基于互联网的供应链再造与商业模式创新》。

怡亚通：从供应链服务商到 O2O 生态圈领导者

深圳怡亚通（股票代码：002183）成立于 1997 年，是中国第一家上市的供应链企业，业务聚焦新能源、大消费、大科技三大赛道，覆盖基建原材料、工业原材料、粮农林、石油化工、半导体、医疗健康、电子信息、有色金属等行业。目前，怡亚通为超过100家世界500强企业和超过2 600家知名企业提供专业的供应链服务。

作为深耕供应链赛道的专业服务商，怡亚通主要经历了三个发展阶段。第一阶段是上市之前，主要向业内生产型企业提供广度供应链服务，以服务为核心战略。2007年上市后，怡亚通进入第二阶段，开始转向提供深度供应链服务，提出"380计划"，意在打造380个深度供应链分销平台，以平台化发展作为自己的核心战略。2015年以后，怡亚通进入第三阶段，推进"380计划"的迭代升级，开始启动O2O生态战略，以打造万亿元规模的供应链生态圈为目标，开启全新发展历程。

广度供应链服务时期

怡亚通在第一阶段开展的广度供应链服务业务，又称"生产型供应链服务"。怡亚通在该阶段主要是承接生产型企业的供应链业务外包。生产型企业在从原材料采购到产品销售的供应链全程中，可以选择性地将全部或部分非核心业务外包给怡亚通。怡亚通帮助它们实现与供应链上下游合作伙伴的高效协同，降低成本，提高效率，进而通过服务创新，实现价值增值。

这个时期，怡亚通的客户包括很多著名的生产型企业，也扩展到了其他品牌企业和整合性企业，具体包括苹果、思科、通用电气、卡西欧、联想和海尔等，其服务范围和领域很广阔，但对于每一个客户的供应链来说，介入程度相对不深，所以称为"广度供应链服务"。

深度供应链服务时期

在不断扩展广度供应链服务的过程中，怡亚通发现，很多客户需要贯穿全程的"流通消费型供应链服务"，于是，它开始将服务向深度扩展。在具体操作中，怡亚通从供应商处采购货物，按照客户需求，在向卖场、超市、门店进行配送的同时，向客户提供全程服务，覆盖从深度商务、物流、结算到电子商务的各个环节，使客户享受到了渠道扁平化的效益，怡亚通达到了直供的实际效果。它以这种业务模式针对不同行业进行拓展，在粮油、快消、汽车、IT、家电等行业，逐步建立起深度供应链服务平台。

在此基础上，怡亚通于2010年发力零售终端，正式开展名为"380计划"的平台战略。它的目标，是在3~5年，在国内建立380个零售分销平台，作为供应链服务的终端。在具体执行中，怡亚通与分布于全国的380个城市的当地经销商合作，分别成立合资子公司。在股权架构方面，每一家子公司都以怡亚通持股60%、当地经销商持股40%的形式分配股权。通过这种模式，怡亚通将自身强大的供应链系统与熟悉当地环境、具备文化认同条件、拥有资源优势的当地经销商联通，从而实现与全国各地数百万家零售终端商店的有效对接。怡亚通的战略选择是，基于中国多层次、多渠道的主流分销模式，将原有的"多对多"散乱连接，变成"一对一"的高效整合，有效降低了多层次、多渠道分销模式的交易成本，实现了渠道共享的规模经济。

通过几年的运作，怡亚通380分销服务平台的业务逐步扩展到日化、食品、母婴、酒饮、家电等领域，这一平台能够提供一站式供应链服务，覆盖市场、销售、信息、物流、商务、结算等各个环节，帮助分布于不同领域的品牌企业快速覆盖终端、有效实现渠道下沉、高效实现分销，从而提高流通效率、降低销售成本，例如帮助宝洁开拓贵州市场，通过在贵州布局的服务平台与渠道，将宝洁的分销渠道下沉到乡镇市场。

随着以380分销服务平台为代表的深度供应链服务不断拓展，怡亚通自身逐步转型为整合性供应链平台服务企业。它建立了覆盖国内外的共享平台与分销体系，通过为众多客户提供快速、便捷、高效的直供渠道服务，实现供应链管理的显著优化，面对不同行业的竞争环境，帮助不同行业企业有效提高市场竞争力。

怡亚通还提供全球范围内的采购与产品整合服务，作为380分销服务平台的补充，这是一种具有虚拟生产特征的业务模式。这种模式在传统的采购和分销基础上，在全球范围内接受不同客户委托，进行业务外包，完成加工生产。至此，客户可以将供应链的整体流程都交给怡亚通，从委托采购原料、委托外包生产，到分销产品、配送至最终使用者手中，都由怡亚通提供服务。这种业务模式已覆盖平板电视、手机、笔记本、手表、安防产品和葡萄酒等不同产品领域。

O2O生态战略时期

通过平台化战略，怡亚通不断积累供应链资源，上游品牌客户已超过1 000家，下游终端客户则达到百万量级。但它没有高枕无忧、停滞不前，在互联网经济爆发式增长的时代背景下，怡亚通看到了移动互联网、云计算、大数据、物联网等新技术的潜力所在，于2015年下半年成立互联网供应链集群，试图实现线下平台线上化，逐步建立网上供应链整合平台，包括主打 B2B（企业对企业电子商务）的宇商网、主打 B2C（企业对顾客电子商务）的和乐网，为中小企业提供供应链全程线上服务，覆盖交易、信息服务、物流、融资服务、协作整合等各个环节。

同时，怡亚通建立了连锁加盟供应链服务平台，借助自身网络和供应链服务能力，针对客户连锁加盟经营的各个环节，提供包括采购、销售、售后、系统管理等在内的供应链全程服务。

在此基础上，怡亚通开始整合线下线上体系与资源，聚焦中国数以千万计的中小零售商店，正式发力 O2O 生态圈。怡亚通抓住了如下痛点：一方面，线下的中小零售商店规模小、议价能力差、经营方式落后、盈利模式单一，在互联网电商冲击下，面临经营成本高昂和转型困难带来的重重压力；另一方面，随着假货现象的屡禁不止，流量成本和物流成本的水涨船高，传统的互联网电商模式优势也在慢慢消失。在这种情况下，怡亚通运用自己深耕供应链、建构 380 分销服务平台的丰富经验，帮助中小零售商店融入联通线上线下的 O2O 供应链生态圈，规避传统互联网电商的缺陷。

在这一阶段，截至 2016 年底，怡亚通陆续推出星链云商、星链云店、星链生活、星链钱包等产品。

其中，星链云商是怡亚通推出的一体化 B2B 采购平台＋营销推广平台，其功能既包括产品展示、广告投放，也包括线上采购、订单管理、在线支付等，集多个功能于一体，帮助客户在上游品牌商与下游零售门店之间搭建实时联通的桥梁。中小店主可以共享怡亚通数十年积累并筛选出来的线下优质商品资源，在平台高效完成在线进货、仓储、物流、配送环节，实现在线交易和营销的一站式解决。

星链云店则为线下中小门店提供电商服务入口，并将其植入"星链生活"产品中，具有一键上架、外卖、快捷支付、厂家直销、优惠促销、平台分成、管理轻松、佣金提成、正品保证九大功能。

星链生活是一款社群社交产品，提供多种生活场景，收集邻里生活、企业生活和周边优惠等方面信息，可以帮助消费者在线下单，消费者可享受及时配送服务，并获得当前位置附近众多"星链云店"的便捷服务。

星链钱包是向生态圈零售商提供贷款、存款、理财等服务的金融平台，一方面，面向中小零售商，为信用不足、抵押品有限的企业提供信贷支持，解决生态圈参与者"融资难、融资贵"问题，另一方面，连接银行与商户，帮助银行拓展业务，消除信息不对称，打通信用断点，发挥产业链生态圈的产融结合优势。

通过长期努力，怡亚通以消费者为核心，构建了五大服务平台：第一，B2B/O2O分销服务平台；第二，B2B2C/O2O零售服务平台；第三，O2O终端营销平台；第四，O2O增值服务平台；第五，O2O金融服务平台。怡亚通通过这五大平台，实现对品牌企业、物流商、金融机构、增值服务商等的有效聚合，打造了国内流通业供应链的强大生态圈，将"供应链竞争力＋互联网"的服务优势有效释放出来，实现资源深度共享、利益多方共赢，对中国流通业的商业变革起到了引领作用。关于怡亚通更加详尽的描述，请见载于中国工商管理国际案例库的案例《怡亚通：从供应链服务商到供应链生态圈领导者》。

流通业供应链的创新路径与模式

通过前文几个各具特色的实战案例，我们可以进一步归纳出流通业供应链创新的共性。从起步方式来看，这些案例分两种不同的情况：一种从贸易起步，一种从物流起步。

流通业供应链创新的不同起步方式

冯氏和东煤交易属于从贸易起步的情况。其中，冯氏是从单纯的贸易商开始，向贸易上下游延伸，发展为一站式流通业供应链服务商，进而运用互联网与大数据技术，升级成为数字化供应链生态圈。东煤交易也是从贸易起步的，一开始从事集采、分销，逐步成为煤炭行业的供应链管理专家，建设 B2B 煤炭交易平台，再以开放的供应链管理能力为基础，对第三方参与者进行赋能，逐步形成煤炭行业的供应链 O2O 生态圈，进而在此基础上提供供应链金融服务。

怡亚通则属于从物流起步的情况。它是从供应链某一个环节服务商开始，逐渐扩展为整条供应链服务商，在此基础上提供供应链一站式服务，吸引多方进行价值共创，最终形成互利共赢的平台生态圈。

再深挖一步，两种起步方式的创新存在共同点，它们都是由点及线、最后到面的创新——从供应链某个环节的"点"开始，逐渐扩展到整条供应链一站式服务的"线"，实现供应链纵向的各环节"端到端"，最后形成同时为客户与第三方供应商提供服务的 S2B 平台生态圈，实现一站式服务、无界融合。流通业企业供应链创新路径可参见图 4-4。

冯氏	1. 贸易中间商	2. 整合上下游，形成供应链一站式服务商	3. 数字化供应链生态圈
东煤交易	1. 集采/分销煤炭贸易商	2. B2B 煤炭交易平台	3. 赋能第三方参与者，并提供供应链金融等平台服务
怡亚通	1. 供应链服务商	2. 380 个深度供应链分销平台服务商	3. 供应链 O2O 生态圈，赋能第三方参与者，并提供供应链金融等平台服务
供应链创新路径	供应链某环节服务商 →	供应链一站式服务商 →	S2B 平台生态圈

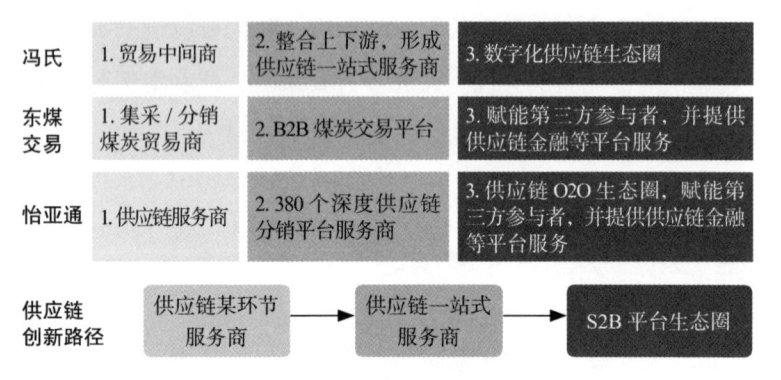

图 4-4　流通业企业供应链创新路径

值得注意的是，在企业发展过程中，供应链在不同阶段的角色和作用也在经历变迁。在"点"的阶段，供应链的角色是产品支持者，保证供应链特定环节的服务质量、效率；在"线"的阶段，供应链的角色是企业整体商业计划和战略的支持者；在"面"的阶段，供应链的角色进一步升级，已经成为新商业模式和为客户提供新价值主张的支持者。

流通业供应链创新的实战建议

结合这些案例分析，流通型企业要实现供应链管理的创新，可以在如下方面付出努力：

第一，流通型企业应该聚焦于为客户提供多个环节的一站式整合服务。

第二，流通型企业需要研究和利用数字化工具，打通供应链不同环节，推动整条供应链实现信息共享、高效协同。同时，利用数字化技术，流通型企业可以进行端到端的数据采集、分析、共享，为供应链运行决策的持续优化创造条件。

第三，流通型企业可以尝试开展供应链金融服务，借助供应链的物流与信息流优势，利用数字化技术、大数据分析和供应链闭环控制，解决产融信息不对称问题，在降低产业端融资成本的同时提高金融端风控水平。

在付出这些努力的基础上，流通型企业可以尝试打造生态圈，在更大的范围内发挥供应链管理优势，实现资源共享，互利共赢。

第五章
供应链创新驱动的零售业转型升级

> 新零售究竟"新"在何处?
> 传统线下零售巨头物美如何创新求变?
> 京东如何打造"大而全"的供应链能力?
> Temu如何独辟蹊径,跑通独特的供应链升级创新之路?

新零售时代的零售业升级

零售业是将产品直接出售给终端消费者的行业。这个行业历史悠久,和老百姓的日常生活息息相关。它随着时代步伐,不断发展变迁,仅仅最近几十年,人们能感受到的,就至少有三次大的浪潮。

第一次浪潮时期,百货商店一统天下。对今天的年轻人来说,这是一段陌生的历史,但对于中年朋友来说,他们很多都有隔着玻璃柜台和售货员打交道的经历。第二次浪潮时期,实体零售商多种业态并存的现象开始呈现,大商场、百货店、超市、小商铺百花齐放。第三次浪潮时期，出现了线上线下多种业态融合发展的局面。

第三次浪潮还可以进一步细分为四个阶段：

第一阶段，2008年前后，随着互联网、物联网、移动互联网、大数据、人工智能等新技术的出现，电子商务开始兴起，催生了阿里、京东等电商巨头，至今它们仍在叱咤风云。

第二阶段，2010年前后，一批传统零售品牌开始大张旗鼓地推出线上渠道，进军电商领域，比如苏宁、银泰、国美等，它们有的颇有斩获，有的终归黯然神伤。但无论结局如何，它们都为中国零售行业的转型升级留下了宝贵经验。

第三阶段，2012年前后，强调线上筛选与线下交付融合、线上渠道向线下单向引流的O2O模式开始流行，团购领域的千团大战，出行领域的滴滴，都是这一时期的焦点。

第四阶段，也就是2016年前后，线上线下全面融合的新零售时代来临，引流从单向变成双向，全渠道、零售新物种陆续出现，零售业进入全新发展阶段，一直持续至今。

在这个波澜壮阔的发展历程中，"新零售"业态逐渐形成，和"旧零售"业态泾渭分明，成为全新模式。对比来看，所谓的"旧零售"，主要是以企业为中心并由企业确定产品和渠道的管理模式，是一种"产品为王、渠道为王"的零售业态。"新零售"则不同，它是以消费者为中心，围绕用户需求，提供个性化的产品与体验，是强调"用户为王"的零售新业态。新零售以互联网的广泛应用为基础，依靠大数据、人工智能等先进技术的加持，强化对消费者需求的深度洞察与挖掘，实现线上线下全渠道销售过程的升级，进而重塑商业模式，打造全新生态圈，实现线上服务与线下体验深度融合。图 5-1 展示了旧零售与新零售的差异所在。

旧零售：
- 以企业为中心
- 企业确定产品及渠道的管理模式
- 产品 & 渠道为王

以企业为中心 → 产品战略 → 渠道战略 → 企业目标

企业的竞争优势是什么？ 生产什么？ 在哪里卖？ 覆盖更多的消费者

新零售 / 无界零售：
- 以消费者为中心
- 提供个性化的产品和体验
- 用户为王

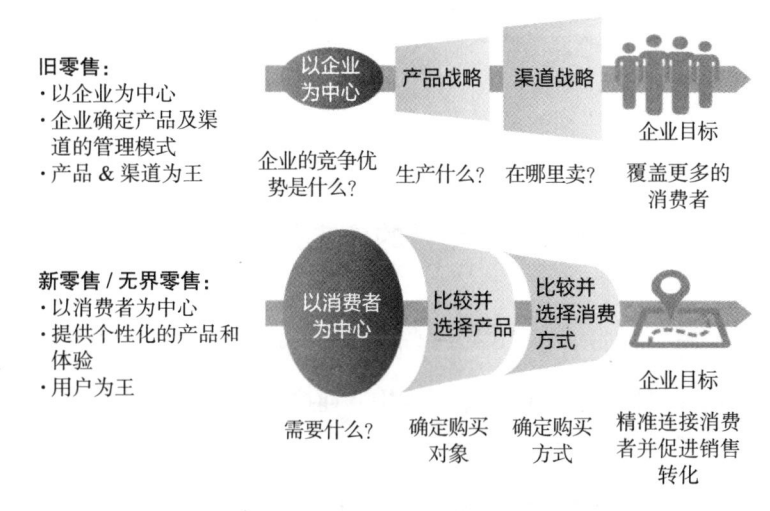

以消费者为中心 → 比较并选择产品 → 比较并选择消费方式 → 企业目标

需要什么？ 确定购买对象 确定购买方式 精准连接消费者并促进销售转化

图 5-1　旧零售与新零售的显著差异

资料来源：德勤发布的《传统品牌企业的新零售转型升级之路》。

零售业近期出现的另外一个新鲜概念，是"无界零售"。它的内涵和新零售有异曲同工之妙。具体地说，无界零售强调的是：用数字化技术管理零售业的供应链，重构对行业而言至关重要的人、货、场的关系；通过打破上下游不同组织边界，实现对资源和能力的广泛运用，完成跨组织、跨部门的流程整合，从而快速准确地满足不同顾客在不同场景下的差异化需求。

无界零售的内涵，表面上看是消费者无界、渠道无界，但背后起决定性支撑作用的，是供应链无界。而供应链无界的核心，是跨组织的供应链整合，这也是新零售能够"新"得起来、"用户为王"能够真正实现的基础和保障。

总而言之，新零售是以消费者为中心、提供个性化产品和体验的零售业态，和以企业为中心的旧零售存在巨大差异。零售企业要实现从"旧"到"新"的跨越，关键在于背后整个供应链的升级与创新。

拥抱新零售：零售业供应链的最佳实践

下面，我们来看几个零售企业供应链创新升级的实战案例，看它们如何推动供应链的整合重构，迎接新零售时代的到来。

物美与多点：传统零售业的数字化升级

物美是中国排名前列的零售商，以经营稳健著称。在互联网与电子商务快速发展、网络零售冲击实体零售行业的大背景下，作为传统线下零售企业，物美与数字零售解决方案服务商多点DMALL（简称"多点"）合作，走出了一条传统零售业的数字化转型升级之路。

物美的发展历程

物美的创建，本身是个颇有戏剧性的故事。20世纪90年代，系统工程学博士张文中回国创业，与伙伴们一起开发出国内最早的超市管理信息系统，即POS系统。当时国内的超市业态尚不发达，张文中决定，索性自己做个示范性超市，用来展示POS

系统的效能，以此促进POS系统销售。就这样，1994年12月，物美超市的首家店"翠微店"在北京开业，开架自选、集中收银的模式受到了顾客青睐，结果这家店第一年营业额就达到了一亿多元，这也成就了物美"无心插柳"的创业佳话。

物美创业至今的历程，大体上可以分为三个发展阶段，每个阶段差不多都是10年。

第一个阶段的10年，物美不断推进经营标准化，进行区域复制，实现了连锁经营的有序扩张。

第二个阶段的10年，随着中国加入WTO（世界贸易组织），外资零售企业开始大量涌入中国。物美一方面，在激烈的市场竞争中，学习外资企业的经营模式，开始打造大卖场业态；另一方面，依托于2003年在香港的成功上市，进一步提高管理水平。这一阶段，物美上线自主开发的ERP（企业资源计划）系统，建设全面预算管理体系和绩效考评体系，用信息系统改进传统零售企业的内部运营，加强产业链的内部协同，达到在规模不断扩张的同时提高精细化管理水平，实现经营成本的有效降低。

第三个阶段，也就是近期的10年左右，物美等传统零售企业开始承受网络零售的巨大冲击。从2012年开始，物美的利润增速相对放缓。如何实现面向未来的转型发展？2013年，公司创始人张文中提出，将践行"商业的全面数字化"，以此作为自己第二次出发的人生目标，推进变革升级，快速拥抱互联网，实现线上线下融合。

非常引人瞩目的是，在这个过程中，物美没有寻求外援，没有以采购方式构建数字化底层，也没有和现有的互联网巨头合作，而是走出了一条特色鲜明的共创之路。

2015年4月，张文中创立了数字零售解决方案服务商多点DMALL，创始团队包括来自华为、京东、唯品会和物美的高管，他们与物美并无直接股权关系。多点创业初期，聚焦于建设全国性的电商O2O平台，提供流量入口、供应链服务等，吸引线下商超入驻开店。由于流量成本高、商超自建物流复杂、线上线下融合困难等，多点出现持续亏损。2016年，多点将定位调整为"数字零售解决方案服务商"，帮助传统零售商实现线上线下融合的数字化升级，进入了快速发展阶段。而物美与多点的共创式发展，就是这种数字化升级的典型例证。

拥抱新零售的数字化共创升级之路

物美与多点通过数字化共创实现新零售转型升级，在战略思维层面，主要有两个核心要点。

第一，线上线下共生。物美的转型升级，不是抛弃传统的线下商超零售业态，而是用数字化改造传统业态，同时建设线上零售新业态，实现线上线下深度融合、相互成就的共生式发展。张文中曾经用"流浪地球"做过比喻，说多点要做的，是要和地球（指传统线下零售）一起探索新生之路，而不是放弃地球，乘坐飞船（指线上新零售）逃离。这种模式也被张文中描述为"旧城改造"。物美和多点的转型升级共创，不同于"建新城"式地新建一个全新的线上电商平台，而是利用数字化对传统门店、传统业态、传统管理、传统供应链进行一点点的改造，使它们有效连接新的线上平台。由此，改造后的"旧城"和"新城"无缝衔接，实现一体共生。

第二，分布式电商。在张文中的构想中，这是线上线下一体化的关键所在。传统零售企业的门店网点和周边客户之间存在紧密联系，在新零售时代，网点作为客户节点仍有重要意义。同时，网点可以作为高频低值商品线上配送的前置仓，作为线上商品展示和体验的入口。而社区团购等活动都可以通过门店网点开展。对门店网点进行数字化升级和激活，将其纳入全新的线上线下一体化供应链体系，就能推进一体化新零售的实现。

在共创升级的实践之路上，物美需要多点运用数字化手段解决痛点：一是要解决无法快速触网的问题，简单构建一个独立商城是不够的，必须打通线上线下的商品体系。二是要解决门店处理线上线下业务时的冲突问题，必须对总部和门店进行全新智能分工，重塑业务流程。三是要解决经营模式问题，要从传统的渠道为王，转向以消费者为导向，实现商业模式重构。

针对这些痛点，物美和多点一起共创，对"人、货、场"进行数字化重构，并进行供应链升级，还在企业内部进行了相应的管理变革。

首先，在人的数字化方面，重构重点包括：一是数字化会员。打造线上线下一体化、覆盖会员全生命周期的运营体系，通过多点 App 整合到店购物、线上下单等不同场景。物美拥有 3 000 万个活跃会员，为数据积累、行为挖掘、偏好预测创造了条件。

二是精准化营销。物美与高德地图、微信、多点等合作，精准分析消费者行为，通过贴标签来划分群组，然后进行个性化营销，比如根据顾客到店频率、客单价的不同，采取不同的优惠券、商品券推送策略，还可以在门店应用人脸识别技术，调用后台积累的用户特征数据，精准匹配并进行商品推荐。

三是商圈用户画像。物美对周边商圈做综合运营评估，通过交通、周边消费能力、消费者行为等方面数据，确定新开店铺最佳地址和存量店铺精确定位。

其次，在货的数字化方面，重构重点包括：一是商品在线。物美打造线上线下一体化商品管理系统，贯通供应商—集团—仓配—门店的全链条，做到全品类商品在线、全流程可追溯、在架库存全方位监控，有效分析热门品类，为自动补货打好基础。

二是智能采购。物美建设贯通供应商与店铺的数字化供应链，实现信息流双向打通，有效管理品牌商联合营销计划，结合手机App平台数据，实现自动补货、精准补货、智能预测、以销定囤。

三是高效仓配。物美通过系统采集门店销售和缺货数据，汇总采购需求信息，与供应商实现数据共享，提高补货效率。采取"区域中心仓＋门店前置仓"模式，实现线上线下一体化的分布式电商运营。中心仓集中抽检货品，集中汇总供应商送货预约信息，对门店补货商品集中分拣打包，从而实现商品全流程数据的互联互通。

最后，在场的数字化方面，重构重点包括：一是智慧购物体验。物美尝试引入多元化的数字技术手段，实现对传统排队买单的购物体验的升级，同时降低运营成本。比如，自助收银机全面打通支付渠道，使结账效率提高3~4倍，大幅减少了排队现象，同时提升了App黏性；比如，智能购物车，支持边走边扫、自动识别商品、App快速结账等功能，满足了年轻消费者的时尚体验需求；再比如，AI商品推荐技术，通过AI大屏识别人脸，有针对性地精准推荐商品。

二是云货架销售。云货架解决了线下门店展示货品有限的问题，帮助顾客在店内联通线上平台，顾客可浏览系统精准推送的海量线上商品，自助购买并支付后，商品可在次日配送到顾客家，这开辟了线下门店与线上平台深度融合的全新模式。

三是电子价签与货架在线。物美各门店全部使用电子价签，提高了管理和维护效率，它们还可以与顾客实时互动，智能显示库存与优惠信息。物美门店所有货架均实现了数据化、在线化，通过收集与运用缺货数据和销售数据，实现智能采购与智能匹配。

四是商场服务在线。物美商场服务工作通过线上派单模式完成，线上系统自动生成待办任务，并将其分配给负责人员，若任务在一定期限内未完成，则自动向负责人员的上级进行升级推送。顾客通过 App 可以实现在线建议、点评、投诉，员工通过手机工作平台可及时处理顾客建议、点评及投诉，从而改进顾客消费体验。

对于坚持线上线下共生路线的物美与多点来说，依托于实体线下门店的"场的数字化"，是其数字化共创升级与供应链升级创新的特色所在。

此外，为了与业务数字化升级、供应链升级相匹配，物美在组织和人力方面也做了相应的管理变革。具体手段包括：在总部组织统一负责品类规划、陈列设计和订货的部门，基于总部掌握的全域数据，实现精准规划与设计；推进适应数字化的流程梳理与人效提升；以数字化升级作为价值导向，实施严格考核，进行有针对性的人才轮岗培养。

物美和多点协同共创的数字化新零售转型升级取得了可观成

效。到2018年，物美电子会员数量的占比已达全部会员数量的70%。同时，消费者体验显著提升，店内消费体验明显改善，多点到家服务2小时妥投率平均达到98%，会员享受的增值服务越来越多。门店运行效率也显著提升，线上线下门店商品信息实时同步，共享仓配售一体化服务，选品优化有效降低了门店SKU数量，门店坪效、人效同步提高。目前，物美各种业态门店已超1 800家，年销售额超过1 000亿元。

与此同时，多点也成长为亚洲领先的全渠道数字零售解决方案服务商，为零售企业提供数智化转型升级和供应链升级创新方案。除了物美之外，多点的合作伙伴扩展到重百、中百、麦德龙、华润万家、胖东来、联华、易捷等零售企业，帮助客户实现在线化、数字化、自动化的供应链管理流程重塑，提供全渠道零售云解决方案。截至2023年底，多点已服务7个国家和地区的超过500家零售企业。

以多点与连锁便利店巨头7-11的合作为例，2021年，多点开始为广东7-11的近1 500家门店和3个配送中心提供零售联合云服务，打通了从消费者、门店、供应链、加盟商、仓储物流到总部管理的全流程、全要素数字化供应链。在数字化的加持之下，配送中心分拣效率提高30%；员工操作、门店管理实现移动化与无纸化；门店通过中台连接多个三方流量平台，线上线下商品信息、库存、营销实时同步，外卖单量同比大涨300%；"会员系统＋精准营销"带动会员总数同比增长20%，人均消费数量提升0.5次；结账支付体验显著提升。

未来，多点将继续在物美之外开拓新的合作伙伴，推进数字化供应链管理能力与经验的外部化、平台化，在巩固现有优势，不断提升销售端一侧各环节供应链升级创新能力的基础上，加速向生产端一侧研发、设计、制造、供应商管理等环节的渗透，帮助零售商更好实现全链条数字化贯通。

京东："大而全"的新零售升级之路

京东由刘强东于1998年在中关村创立。初创时期，它是一家经营光磁产品的小型线下店铺。当年，这样的店铺在中关村数以千计。2004年，京东开始涉足电子商务。目前，京东已成长为中国著名的电商巨头，也成为在线新零售业态的代表性企业，2022年全年收入超过1万亿元人民币。在京东的发展历程中，供应链的创新升级发挥了至关重要的作用。下面我们来看看其中四个关键性的供应链战略。

自建物流体系战略

对很多人来说，京东相比其他电商平台最大的特色，就是它快捷、高效的配送服务。这背后，是京东长期坚持自建物流体系战略所形成的用户体验壁垒。要知道，在线电商行业的普遍打法是依靠第三方物流，自建物流体系需要极大魄力、长期坚持和海量投入，对供应链管理能力也是巨大考验。

依靠这一战略，京东早在2010年4月就在行业中率先推出了"211限时达"配送服务——以每天上午11点和晚上11点作为配送服务分割点：北京、上海、广州等地客户在上午11点前下单，当天就能收货；如果在晚上11点前下单，次日下午2点前就能收货。

2012年，京东开通晚间配送；2013年，推出"极速达"，承诺3小时内送到；2016年，又推出"京准达"，用户可以在未来一周内精确预约收货的时间段。

通过自建物流体系的支撑，京东在不断提升用户体验。而且，这个打法虽然投入巨大，但在运营良好、产生规模效益的情况下，是能降低物流成本的。2009年以后，京东物流费用实现了每年约10%的下降，到2017年京东基本建成物流体系时，物流成本降低了70%，与此同时，运营效率则实现了2倍以上的显著提升。

除了效率提升，自建物流体系还发挥了其他重要作用。它帮助京东获得了连接客户的线下触点，实现了大量数据的快速积累，对京东第一时间感知用户需求、与用户保持及时有效互动帮助很大，还为京东持续提高全链条供应链管理能力提供了宝贵的练兵和成长机会。

平台开放与线下延伸战略

坚持自营一直是京东的特色，不过，它也没有放弃平台化打法。2010年，京东平台向第三方商家正式开放，京东商城由此变成采用自营和第三方商家运营模式的综合性在线零售平台。

与此同时，京东逐步从线上向线下延伸。家电业务成为京东推进线下战略的突破口。2014年底，京东家电事业部开始推进"京东帮"线下服务体系建设，线下服务店面终端向分布于全国的县级市场下沉。"京东帮"线下服务店成为大家电配送、安装、售后维修的承担者，并发挥了一定的营销推广功能。"京东帮"采取加盟模式，一县一店，京东将货品配送到服务店后，店面负责"最后一公里"，完成24小时内送货、24小时内安装。京东系统根据用户反馈，对店面进行考核。服务店依靠配送服务费、安装服务费、代客下单佣金、2%的销售返点等获得盈利。仅仅两年左右时间，"京东帮"线下服务店已发展到1 500家。

完成线下试水之后，2016年初，刘强东挂帅，京东新通路事业部负责，启动了"火车头"项目。这个项目瞄准三线以下城市与农村的中小店铺，希望将它们变成京东便利店，成为京东平台的线下终端。为了吸引店铺加入，京东新通路事业部开发了专供中小店铺主使用的App，将其命名为"掌柜宝"，它的功能对标阿里的"零售通"App，中小店铺主可以通过它查询商品、订货、跟踪物流和售后反馈服务等方面信息，同时，App还可以为品牌商提供仓储配送、地勤、门店营销、数据分享，以及基于需求预测的集采等服务。到2017年底，按照京东提供的数据，已经有1 000多个主流品牌、300多个区域品牌在"掌柜宝"上线，联通的中小店铺更是超50万家，其服务范围基本实现对全国各省、自治区、直辖市的全面覆盖。2018年，京东线下项目开始联手京东金融板块，将金融服务引入服务体系，为线下项目联通的众多中小店铺主提供赊销服务；帮助店主将门店使用的进销存系统与京东支付平台深度绑定；同时，不定期开展促销活动，多管齐下持续增强吸引力，以吸引更多线下商家加入。

2017年，在采取不同策略成功试水中小城市和农村线下零售市场后，京东开始大张旗鼓地进军一、二线城市实体店市场。2017年8月，京东宣布要在当年年底之前，在全国各地开设300家零售体验店，分为京东之家、京东专卖店两种形态。京东之家单店面积在 200 平方米以上，主要布局在一、二线城市核心商圈，主营 3C（计算机、通信和消费电子）产品，兼顾家电、图书等品类。京东专卖店单店面积在 60~120 平方米，主打次商圈，以 3C 产品销售为主。目前，京东的线下实体店体系已经扩展到京东 MALL、京东电器超级体验店、京东大药房、七鲜超市、京东便利店、京东京车会等众多品类。

供应链智慧化战略

京东在供应链创新升级过程中非常重视先进科技。2012 年，京东成立了云事业部，重点打造云计算能力。2013 年，京东成立了人工智能和大数据事业部，开始运用这些技术，对商业价值进行深度挖掘。2016 年，京东分别成立 X 事业部和 Y 事业部。X 事业部主攻智慧物流、无人物流，致力于以科技手段改造物流体系，降低成本，提高效率。京东的无人仓、无人车、无人机，还有经常能在街头看到的无人超市，都是 X 事业部的成果。Y 事业部则致力于运用大数据和人工智能技术进行智慧供应链的打造，在对用户的商品需求、场景需求、预算意愿等做出智能预测的前提下，将商品高效送达客户。

在长期积累的基础上，2017 年，京东正式确立技术转型战略，要用自动化、大数据、人工智能等先进技术，实现供应链的智慧化，重塑新零售模式。

从宏观角度看，近年来京东线上平台与线下店面体系不断融合，范围包括京东之家、京东专卖店、京东母婴体验店、京东帮服务店、京东合作品牌门店等多种业态，总数达数万家；再加上由"掌柜宝"连接的数十万家便利店，它们所依靠的新零售基础设施，就是这些足以提升信息、商品、资金流动效率的智慧供应链。

从微观角度看，线下消费者在进入京东分布于线下的各类店面后，店面通过人脸识别，对消费者的兴趣关注点、场景停留时间等消费行为进行即时、精确的数据分析，以此指导店面有的放矢地对货品补配进行优化。在经营策略上，店内商品与京东线上平台的相同商品价格相同。消费者通过在线下扫描商品标签，就可以对线上平台的用户评价和反馈进行实时查询。依靠大数据指引，京东还不断优化线下店面选址、授权管理方式，提供门店备货推荐服务，完成自动补货、退货，这些同样有赖于强大的智慧供应链在背后的鼎力支撑。

生态圈赋能战略

在面向第三方开放销售平台的基础上，京东不断扩大生态圈，实施多重赋能。2016年，京东将强大的自建物流体系全面向外开放，不仅向外部合作者提供传统快递服务，还提供供应链各个环节的整体服务，包括仓配一体、冷链物流、大件转向等。在2016年当年，京东物流仓配一体服务的外部订单量就实现了200%的增长，合作对象扩展到李宁、蒙牛等知名品牌。2017年，京东进一步加大在物流领域的建设投资。同年4月，京东在组织架构上进行调整，物流部门独立成立物流子集团。该年，京东物流推出云仓模式，向第三方仓库输出自己的管理系统、运营标准、技术能力、行业经验等。到2023年9月底，京东物流运营的仓库数量超过1 600个（含云仓），仓储总面积超过3 200万平方米。它还拥有近90个保税仓库、直邮仓库和海外仓库，总管理面积近 90 万平方米，分布于全球不同国家和地区，进一步提升了物流服务与保障能力。

除了向外开放物流能力，京东还通过"开普勒"项目，将电商能力向生态圈伙伴进行开放。该项目于 2016 年 3 月上线，主要是整合内部各业务模块资源，为合作伙伴提供京东账户、海量商品资源、电商交易与运营、仓储配送、售后客服、风险控制等相关服务，与合作伙伴分享云存储、用户大数据，并提供京东白条、京东支付等金融服务。它相当于向生态圈开放了京东的各项供应链基础设施。

在具体操作中，"开普勒"项目采用邀请制，主要聚焦三类合作伙伴：

第一类合作伙伴以移动端伙伴为主，它们拥有流量，但是变现不及预期，如某些社交类、工具类 App。京东为它们提供的服务主要包括京东账户、技术组件支持等，帮助它们建立适应各类场景的交易闭环，并为其提供有利于利益分配与共享的完整分佣模式。

第二类合作伙伴也是移动端伙伴。它们拥有高用户黏性的应用场景，但自身电商能力有所欠缺，如部分垂直社区类、生活服务类 App。对于这类伙伴，京东主要提供场景化的选品与交易支持服务，帮助它们持续提高用户黏性，完成灵活支付结算，从而实现平台资源更加有效的分享。

第三类合作伙伴自身具备一定电商能力，但需要进一步迭代升级，如垂直电商类、积分商城类 App 等。京东为它们提供的产品或服务包括数量丰富的正品行货、灵活便捷的自建交易体系、富有特色的仓配服务等，为它们迭代发展提供有效的综合支持。

关于京东新零售战略升级之路的研究与洞察，可参考《高效协同：供应链与商业模式创新》。

Temu：跨境电商平台的新消费"出海"实践

Temu 是拼多多于 2022 年 9 月推出的跨境电商平台。这个名字，是其最初一版标语"Team Up，Price Down"的首字母组合，意思是"买的人越多，价格越低"，这与拼多多"拼着买，更便宜"的口号如出一辙。

这个平台的历史不长，但它的发展相当迅速。

流量方面，在 2023 年，Temu 就已成为美国最受欢迎的 App 之一，长期稳居苹果商店（App Store）和谷歌商店（Google Play）下载榜第一。数据分析公司 SimilarWeb 数据显示，截至 2023 年底，Temu 的全球独立客户访问量已达 4.67 亿次，网页和移动端流量同比增长率超过 700%。

营收方面，2023 年 Temu 的总收入达到 140 亿美元，2024 年上半年已经超过 2023 年全年，并已占据美国折扣零售市场近 17% 的市场份额，对亚马逊等零售业巨头造成极大冲击，由此，Temu 成为其母公司拼多多业绩增长的重要引擎。

Temu 主打电商平台的一个细分赛道——跨境电商平台，其海外扩张代表了中国零售业企业"出海"的全新探索。其商业模式背后独特的供应链创新升级之路，是很值得研究的。

差异化的目标客户与选品战略

在目标客户与选品战略方面，Temu 充分汲取了拼多多的差异化竞争经验，在跨境市场实现了精准切入、快速扩张。

在全球经济有待复苏、海外很多经济体处于高通胀环境之中的情况下，Temu在需求端的"消费降级"与供给端的"去库存"和"产能过剩"之间，抓住了商业机会。它主打线上化的低价战略，以服装等电商渗透率较高的品类为突破口，确定了自己的目标客户与选品战略。

目标客户方面，Temu采取了类似拼多多的打法，将用户增长点聚焦于尚未被传统电商深度触达、日常消费行为仍以线下零售为主的人群，相当于将主打"五环外人群"的目标客户战略在海外进行了复制。摩根士丹利研究指出，Temu的用户画像为"62%女性、38%男性，年收入5万美元以下占比55%"。这样的客户群体正是亚马逊不太能覆盖到的。一个美国市场的例子可以揭示出Temu与亚马逊之间客户群体的差异性：亚马逊有一款爆品，是用于游泳池的动物逃生垫，但这个爆品放到Temu平台就卖不动了，因为Temu大多主力客户群体的家中没有游泳池。

主营品类方面，Temu的主营品类以服装、日用百货等为主。以百货类的标品为例，Temu的客单价一般在30~50美元。值得注意的是，对这些品类而言，Temu平台和亚马逊平台的商家及商品有不少重合，但重合商品在Temu平台的售价要比亚马逊平台低不少，便宜的幅度达到30%~151%。除了具有优势的服装、百货等品类，Temu还在向美妆、家居、宠物等品类拓展，以更好满足用户的多元化、一站式购物需求，从而进一步提升用户黏性与忠诚度。同时，Temu也不断扩展平台化生态圈，吸引更多品牌和商家入驻，在为用户提供更多选择和价值的同时，进一步巩固自己可持续发展的基础。Temu 平台主营品类的占比情况如图 5-2 所示。

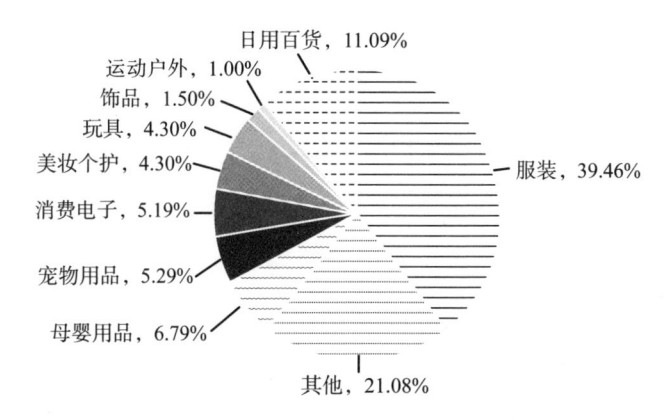

日用百货，11.09%
运动户外，1.00%
饰品，1.50%
玩具，4.30%
美妆个护，4.30%
消费电子，5.19%
宠物用品，5.29%
母婴用品，6.79%
其他，21.08%
服装，39.46%

图 5-2　Temu 平台主营品类的占比情况

资料来源：远川研究所。

差异化战略与"全托管模式"

用低价打造差异化的战略并不是 Temu 首先想到的，为什么它能够走通，而竞争对手却很难成功复制？主要是因为它背后有一整套成功的供应链升级创新打法作为支撑。众所周知，与境内电商相比，跨境电商的环节更多，流程更长，供应链管理的难度也明显更高。如果不能将供应链的效率发挥到极致，就很难降低跨境对外输出中国生产能力的成本，也很难在境外市场将低价优势淋漓尽致地展现出来。为此，Temu 向加入平台的商家提供了颇具特色的"全托管模式"。这种模式看上去是一种商家加盟合作方式，实际上，它是一种适应跨境零售平台高效率运行的供应链升级创新。

全托管模式下，Temu将跨境电商全流程的关键业务梳理为商家入驻、选品、核价议价、商家送货、营销推广、订单生成、履约配送、售后服务等环节。其中，商家仅负责供货和运送到仓，物流公司、快递公司负责配送，其他环节均由平台负责。按照Temu的全托管模式，商家只需将通过筛选的货品发往Temu的国内仓库，后续的运营—物流—仓配—客服—售后服务环节都可以交给平台，这极大地降低了商家做跨境电商的门槛。

对比之下，亚马逊平台与中国卖家的主流合作模式是FBA（亚马逊物流）模式。在这种模式下，中国卖家将商品发送至亚马逊美国仓库，亚马逊负责将商品从美国仓库发往消费者的物流环节，兼顾退换货等服务环节；其他环节，包括核心的定价议价、营销推广与引流、售后等，仍然由卖家亲自操盘。发展迅速的SHEIN则主打独立站自营模式，完全掌控供应链，合作者主要是为其供货的服装工厂，不具有卖家身份，不涉及选品、设计环节，基本没有主动权，这和Temu的情况很不相同。

Temu的全托管模式和亚马逊模式的对比，可以参见图5-3。

如果再做更加深入的分析，可以发现，Temu全托管模式本质上其实是从工厂（factory）到消费者（customer）的F2C模式。在该模式下，工厂通过平台直接对接终端消费者，减少流通环节，将成本压缩到极致。而亚马逊模式仍然是高度依赖中间商的。

具体地说，亚马逊在美国电商市场的市占率约为40%，其70%的第三方卖家来自中国，而这些中国卖家，大多是熟悉互联网营销和电商运营的贸易中间商，只有为数很少的头部卖家会

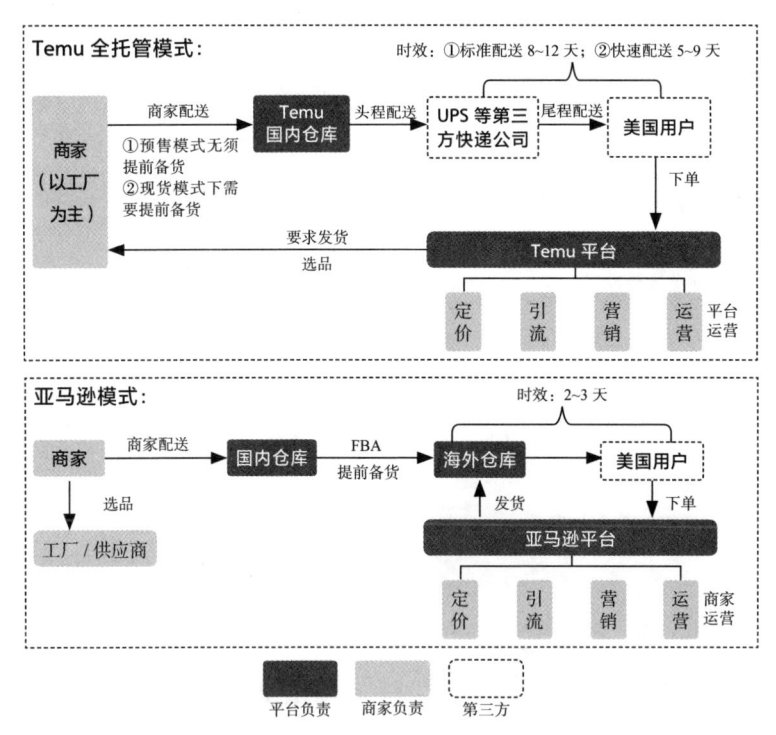

图 5-3　Temu 全托管模式与亚马逊模式对比

资料来源：根据雨果跨境、连连国际、Temu 官网、国联证券研究所资料整理。

在壮大之后选择自建工厂。大多数卖家都是以"代工厂—运营商—亚马逊平台—海外消费者"的模式运作，中间环节的毛利率最高能达到 80%，而中间商的利润必然会体现在最终售价上。

相比之下，Temu 通过全托管模式直连供需两端，令工厂处在 C 位，自己则揽下了集散质检、跨境物流、海外营销获客、售后服务等复杂烦琐的中间环节，不仅有效强化了品控，还极大降低了中间成本，显著增强了供给端的稳定性，缓和了工厂刚性"生产计划"与消费者复杂、多元、多变需求之间的天然矛盾，也有利于 Temu 充分运用拼多多的算法优势，有效归集需求，匹配供需，提升供应链韧性，支撑工厂心无旁骛地开足马力生产，将规模带来的成本优势发挥到极致。

Temu全托管模式与亚马逊第三方卖家模式之间的对比，可以参见图5-4。

Temu全托管模式：

代工厂 → 代工厂毛利率30% → TEMU → Temu毛利率60% → 海外消费者

生产成本10元 — 将货物发往Temu国内仓库 — 供货价14元 — 跨境仓配、海外营销获客用户补贴、售后服务均由Temu负责 — 终端售价35元

亚马逊第三方卖家模式：

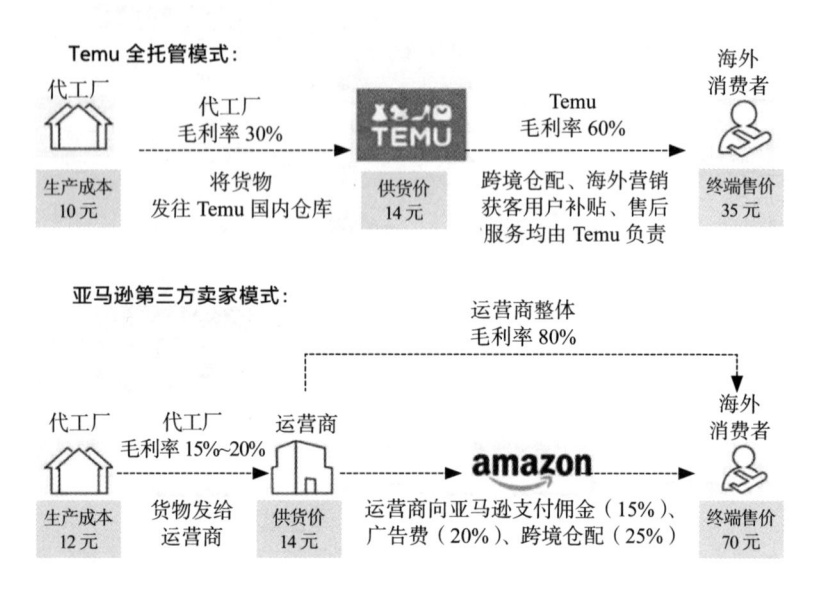

运营商整体毛利率80%

代工厂 → 代工厂毛利率15%~20% → 运营商 → amazon → 海外消费者

生产成本12元 — 货物发给运营商 — 供货价14元 — 运营商向亚马逊支付佣金（15%）、广告费（20%）、跨境仓配（25%）— 终端售价70元

图5-4　Temu全托管模式与亚马逊第三方卖家模式对比

资料来源：远川研究所。

在全托管模式的加持之下，中国的制造业优势被充分激发出来，成千上万的工厂型卖家无须投入过多人力、物力，有效降低了参与跨境电商的门槛。由于门槛降低、中间环节减少、实现端到端供需直连、规模效应充分释放，Temu平台的商品售价持续降低，卖家反倒获得了更多利润。按照广州市海珠区的服装卖家的说法，在登上Temu平台之后，有些卖家的利润率可达到30%~50%，最低也能保持在20%，比海珠女装跨境卖家普遍

10%左右的利润率高出了不少。用户获得价值，卖家获得利润，平台获得了竞争优势和市场份额，实现了有效的多方共赢。

全托管模式背后的供应链创新

跨境电商的全托管模式能够跑通，关键又在哪里？众所周知，对于跨境电商来说，物流是非常重要的一环，决定了整个业务链条的效率、成本和稳定性，而跨境物流本身又是非常复杂的。在这个环节，Temu大力推进供应链升级创新，为全托管模式提供了强大支撑。

在Temu的全托管模式下，物流全程大致可以分为三段。

第一段是头程，厂家将货统一配送至Temu在国内的仓库，属于中短途物流，主要由快运、快递公司承担运送任务。在这一段，厂家可以选择供应商管理库存（vendor-managed inventory，VMI）和准时制生产（just-in-time，JIT）两种模式。前者是"先备货，后上架销售"，即厂家先向平台申请备货，拿到仓位后发货至Temu的国内仓库，Temu负责仓储及后续发货，厂家承担一半的到仓运费。后者是"先出单，后发货"，即厂家无须备货，先在平台预售，然后及时发货至国内仓库，预售24小时后必须发货，48小时内必须到货入仓。

第二段是中长途的国际干线运输，主要是以航空干线、跨境小包为主。在这一段，Temu采取了多种成本优化战略：一是利用全托管模式在运输时效上的宽松空间，选择运费最低的发货日，通过整批运输降低成本；二是合理搭配不同货品，充分利用飞机载重空间，节约运费；三是优先选择空运商低价出售的尾货运载空间；四是优化布局，在航班密集、货源集中和可以提供重货搭配服务的区域进行集货。

第三段是尾程配送,从境外机场出发进行派送。在美国市场,Temu 主要通过货代公司协调当地物流服务商直接送货,通过谈判争取价格优惠。同时,在墨西哥建立转运仓库,享受免税待遇并争取补贴,从而有效降低仓储和转运成本。

除了物流环节的供应链创新之外,Temu 全托管模式充分发挥平台低价导向和强生态管控优势,对供给厂商进行筛选,不断增强厂商对平台的依赖性。在为厂商包办一切中间环节的同时,Temu 通过设计厂商竞价机制、强制下架滞销商品等方式,实现对厂商的有效控制。截至 2023 年 10 月,Temu 累计招募了 9 万家供应厂商,供应超过 100 万个 SKU。在 Temu 平台的强力掌控和筛选引导之下,这些厂商持续输出中国的极致生产能力,支撑平台在境外市场不断攻城略地。

未来的挑战与探索

在快速发展的同时,Temu 对生态圈的强力掌控,对极致低价的追求,也引起了不小争议。这种商业模式从另一个角度来看,是在压缩厂商的产业升级空间,使得很多厂商放弃品牌化、高附加值的升级之路,仅仅是在低价和规模效益的道路上一路狂奔。

同时,Temu 的全托管模式在物流等环节实行高度集中的运营模式,导致物流履约压力不断增加,爆仓爆单情况时有发生,这也给这一模式的未来前景带来了挑战。

为了应对多方面的挑战,Temu 推出了全新的"半托管模式"。与之前的全托管模式相比,新模式的不同之处主要体现在仓储物流方面。具体来说,半托管模式下,厂家可以选择不使用 Temu

指定的仓库物流服务商，依照适合自己的方式，更加灵活地决定仓储物流方案。具体情况如表 5-1 所示。

表 5-1 Temu 的全托管模式与半托管模式对比

模式类型	核价	备货	运营	物流
Temu 的全托管模式	平台核价	商家负责：选品、备货、寄样以及提供图片和基本信息 平台负责：选品审核、审版、图审、核价以及上架到各国站点	平台负责：投放、营销以及售后客服	商家负责：头程配送至国内仓 平台负责：集货、仓储、跨境运输、尾程投送以及逆向物流
Temu 的半托管模式	平台核价	商家负责：开店、选品以及提供图片与基本信息 平台负责：完善商品详情、协助比价，以及上架到所在国站点	平台负责：投放、营销以及售后客服	商家负责：仓库管理、发货履约、维护库存以及逆向物流 平台负责：灵活的发货选项

半托管模式的好处是，一方面可以缓和全托管模式带来的压力，另一方面也可以更好地吸引那些已在跨境电商行业深耕多年的资深卖家。这些卖家往往已经建立了自己的供应链体系，包括仓储物流系统，对自主性的要求更高一些。在半托管模式下，卖家可以根据自己的实际情况，更加灵活地选择将哪些环节交给平台，哪些环节保留在自己手中。

半托管模式可以丰富 Temu 与生态圈伙伴的合作方式，将供应链生态圈的力量更好地释放出来，其实际成效值得持续关注。

零售业供应链的创新路径与模式

下面，我们对这三个典型案例再做深入梳理，以此归纳零售业供应链创新的共性。

物美作为传统线下商超的代表，发展的第一步是实现标准化，通过区域复制来扩大连锁经营范围。第二步是通过学习外资零售经验，拓展大卖场商业模式，同时用信息系统改进内部运营，强化内部产业链协同。第三步则是在网络零售的巨大冲击下，通过与多点的共创，在对"人、货、场"进行数字化重构的基础上，推进线上线下一体化数字化升级，打造分布式电商，实现"旧城改造"式的一体化共生。在服务物美的基础上，多点也成长为亚洲领先的全渠道数字零售解决方案服务商，将数智化转型升级和供应链创新服务扩展到了更多客户。

京东是线上零售商的代表，它的创新之路主要经历了三个阶段。第一阶段，通过建立B2C自营电商平台，跨越流通中间环节，一方面直接与用户互动、掌握鲜活的需求，另一方面利用自己的采购量优势，赢得面向上游的价格话语权。同时，以巨大魄力建立自营物流体系，不断优化仓储、物流、配送体系，形成独特的竞争护城河。第二阶段，拓宽合作空间，引入第三方商户在京东平台开店，试水不同的线下零售模式，与上游供应商进行更加深入的供应链协作；基于大数据和人工智能，在定价、选品等方面持续优化。同时，通过启动京东帮、建设自营体验店、整合线下便利店等方式，探索线下业务。第三阶段，大力推进线上线下全渠道整合，打造智慧供应链，开始向外赋能。基于线上线下获得的海量数据，京东进行更加全面、更加深入的客户分析，优化选品和采购决策，提高供应链生态圈效率，为合作伙伴提供智慧供应链赋能服务。

Temu同样属于线上零售商，与京东不同，它属于跨境电商平台，开创了跨境电商的全托管模式，通过为厂商提供包括商家入驻、选品、核价议价、商家送货、营销推广、订单生成、履约配送、售后服务等在内的各个环节的服务，实现国内厂商和国外客户之间的端到端连接，发挥平台的专业服务优势，引导厂商将生产力充分释放出来，在提升供应链效率、实现商品极致低价的同时，帮助厂商获得更多利润，同时维持供应链的稳定。

从这三个案例的共性来看，物美、京东、Temu都是从零售的某个环节起步，向供应链的更多环节拓展，并在此基础上发展开放平台，实现全渠道流程再造。虽然三家企业的具体操作有很大不同，但它们的供应链网络最终都发展得十分复杂。进一步来看，它们在创新求变的发展历程中，都是在打造同一种能力，即利用自己的供应链管理能力，借助系统和数据优势，不断提升全渠道复杂供应链网络的决策水平，提高供应链整体运行效率，高效满足客户在线上线下不同场景的高度个性化、差异化的需求。

归根结底，这也是新零售需要具备的核心能力。从某种程度上说，新零售时代的企业虽然初始资源禀赋各不相同，发展历程也各有特色，但最后大多走上了全渠道发展、随时随地满足各类消费者多样化需求的发展之路。

表5-2对三家代表性零售企业的创新升级路径做了归纳总结。

表5-2 代表性零售企业的发展之路

企业	路径		
京东	1.B2C零售平台+卓越物流配送能力	2.开放第三方合作平台及向线下延伸	3.利用数字化技术和大数据优化自身供应链，同时为合作伙伴赋能
物美+多点DMALL	1.物美拓展连锁规模，优化内部运营，整合内部产业链，降低成本，提高效率	2.物美、多点共创，打造线上线下一体化的全渠道零售商	3.多点将数智化升级和供应链管理经验向其他客户扩展
Temu	聚焦跨境电商各环节，为厂商提供全托管服务 探索半托管服务模式，为厂商提供更丰富的服务		

接下来我们再深挖一步，看看线上和线下两类零售商创新升级发展路径的主要方向。线上零售商的主要方向有两个：一是向线下实体零售终端发展，实现线上线下融合；二是向上游发展，越过中间商，与上游品牌商、制造商深度合作，甚至深度参与供应链上游的研发、设计、生产环节。大企业可以在这两个方向上同时发力，并在此基础上建设生态圈，向合作者开放基础设施、资源和供应链管理能力，成为零售运营服务平台的主导者。京东就是这样做的。Temu的全渠道模式，也是一种对供应链合作伙伴掌控力很强的生态圈模式。

线下零售商也主要有两个方向：第一个是向线上发展延伸，同时对线下门店进行数字化改造，实现线上线下一体化的全渠道零售，物美就是其中的代表。第二个则是越过中间商，争取采购环节的价格话语权，同时不断完善线下渠道，优化物流配送，并在此基础上通过店铺客户数据进行预测，对设计、生产环节产生影响。目前，多点正在朝这个方向努力。

零售业历史悠久，和每个人的生活息息相关。这个行业发展的方向，是从以企业为中心的旧零售，升级为以消费者为中心、提供个性化产品的新零售。零售企业要实现从"旧"到"新"的跨越，关键在于供应链的升级与创新。

物美的新零售升级之路，提供了传统线下零售企业供应链创新的经验与教训；京东和 Temu 作为线上零售企业的代表，则展示了不同的供应链创新路径。它们的共性在于，发展线上线下融合的全渠道供应链能力，满足新零售时代客户的多样化需求。

第六章
供应链转型升级四阶段模型

> 被动和支持型供应链是什么？
> 主动和细分型供应链是什么？
> 智慧和体验型供应链是什么？
> 供应链+生态圈是什么？
> 如何在实战中推动供应链管理进阶？

第一阶段：被动和支持型供应链

在介绍了制造业、流通业和零售业等行业的供应链创新历程之后，本章将通过对行业鲜活案例的进一步深入分析，从理论上提炼与升华，勾画出具有普遍性意义的供应链管理的四个主要发展阶段。

它们依次是：第一阶段，被动和支持型供应链；第二阶段，主动和细分型供应链；第三阶段，智慧和体验型供应链；第四阶段，供应链+生态圈。

这四个阶段环环相扣，展示了现代供应链管理一步步转型升级，最终推动商业模式创新的完整过程。

下面，我们先从介绍第一阶段的被动和支持型供应链开始。除了阐述这一概念，更重要的是引入其背后的战略思维与能力建设，同时，我们还将引入一个对现代供应链管理而言具有重要意义的基础工具——SCOR模型。

被动和支持型供应链是什么？

被动和支持型供应链，是供应链管理的第一个发展阶段。

在这个阶段，企业主要目标是降低成本、保证品质、确保交货。为此，企业必须进行高效的成本控制与质量管理，这是企业对内外流程进行梳理、对各种关系进行管控的意义所在。其中，企业内部流程包括采购、生产、配送、送货等环节，外部流程及其相关关系则涉及供应商、供应商的供应商、客户、客户的客户等不同主体。

在这个阶段，高效的供应链管理是企业竞争力的重要基础。合理高效运用供应链管理工具、提高供应链管理水平，有助于企业快速达到成本和质量目标。

如同本书第三、四、五章的典型案例所揭示的，不同行业企业供应链管理在升级起步阶段，都呈现出了被动和支持型供应链的特征，如海尔在张瑞敏怒砸冰箱之后的供应链管理、红领集团在大规模制造阶段的供应链管理等。这一阶段供应链管理的关键，其实是稳扎稳打、不出问题，然后在此基础上精益求精、提升效率、打造高效供应链，通过规模经济、精益生产，不断降低成本、提高质量。被动和支持型供应链阶段看似没有那么多令人眼花缭乱的创新升级，却是后续一切创新的基础。合抱之木，生于毫末；九层之台，起于累土。只有打好基础，供应链才能实现不断进阶，正如雷军在"2017亚布力中国企业家论坛"上分享小米面对困局实现逆转时所强调的四个字——"守正出奇"。他说："遇到问题的时候，大家希望用奇招来逆转，这是错的。遇到困难一定是某个基本功出了问题，守正比出奇更重要。其实企业都是被自己击败的，只有当你守正了，立住之后至多是好一点儿差一点儿，然后你再想奇招怎么胜出，尤其是大规模的企业。"

供应链管理的基础工具——SCOR模型

SCOR模型由国际供应链协会（Supply Chain Council，SCC）在1996年底发布，是目前最受欢迎的供应链管理工具之一。它是一个以流程为核心的参考模型，提供了一种描述供应链的共同语言，整合有效的管理概念，为提高供应链效率提供指导，也有助于供应链伙伴之间进行有效沟通。

这个模型将流程、绩效、最佳实践和人员四个核心要素集成到一个框架（"4个P"框架）之中。其中，流程（process）是关于管理流程和流程关系的标准描述；绩效或指标（performance或metrics）是描述流程绩效、界定战略目标的标准衡量指标；最佳实践（practice）是指促使流程绩效显著提升的管理实践；人员或技能（people或skill）是指执行供应链流程必要技能的标准定义。

SCOR模型的力量在于其整合性，它将前述的"4个P"整合为一个完整的体系，通过业务流程重组、绩效对标分析、最佳实践分析、组织设计四个方面的具体行动，分别作用于四个核心要素。具体情况如表6-1所示。

表6-1　SCOR模型将"4个P"集成到一个框架

业务流程重组	绩效对标分析	最佳实践分析	组织设计
了解流程现状，知道将来会怎么样，从现在到将来怎么实现	通过对比同类型的供应链流程和绩效进行对标，设定绩效改善目标	发现能显著提升绩效的实践举措与软件解决方案	评测技能与绩效要求，并根据绩效改善目标的需要，完善组织设计，配置合适人员
↓	↓	↓	↓
流程参考框架			
流程	绩效或指标	最佳实践	人员或技能

资料来源：SCOR模型最新版教材《美国生产与库存管理协会供应链运作参考模型手册》12.0版。

1996年春，PRTM和AMR这两家位于美国波士顿的咨询公司为帮助企业更有效地实施供应链管理，从基于职能管理向基于流程管理转变，牵头成立了国际供应链协会，并由国际供应链协会在当年底发布了SCOR模型。

这个模型应该如何应用？我们结合企业供应链管理实战来看一看。

对于一家企业来说，要对自身供应链流程实施有效管理，主要需要完成下面几个步骤。

首先，企业要捕捉业务流程的现状，筹划未来想要达到的理想状态，考虑从现在到未来怎么实现的问题。这就是SCOR模型中的流程问题。

其次，企业要围绕不同流程，设计不同的针对性绩效指标，例如交货速度、准确性、质量等。在此基础上，企业将当前能够达到的指标现状，与行业内其他具有类似商业模式和供应链流程的公司进行对标分析，从而找出自己的长处和短板，设定绩效目标，设计改进方案。这是SCOR模型中的绩效或指标问题。

再次，针对绩效目标，企业开发能够推动绩效显著提升的实践举措，包括管理优化、数字化升级等，以实现对行业最佳实践的有效学习赶超。这是SCOR模型中的最佳实践问题。

最后，针对改善流程、创造行业最佳实践的实际需要，企业需要寻找和培养具有充分知识、能力、经验的人才队伍，并根据内部目标，不断优化、协调人员结构，动态满足人力配备需求。这是SCOR模型中的人员或技能问题。

总体来说，应用SCOR模型这种跨行业的标准化供应链工具，有助于企业提升供应链管理能力。尤其是对于处于供应链管理发展第一阶段的企业来说，应用这类工具和知识体系，可以帮助企业实现内部和外部交流语言的统一，对自身供应链发展水平和运营绩效进行客观评测，明确后续的改善目标与改进方向。

在美国，供应链行业相关资格认证和技能认证发展比较成熟，如APICS（American Production and Inventory Control Society，美国生产与库存管理协会，它在2014年与SCC合并，形成APICS-SCC，即美国生产与库存管理–供应链协会）和SCC的认证体系。它们可以证明，获得相关资格的人士在生产与库存管理的理论与实践方面达到了特定标准，具备从事相关领域工作的资格。这些认证可以有效帮助企业寻求具备知识、技能与经验的合格人士，这类人士从事相关工作，有助于提高企业供应链管理水平。

我国也可以借鉴这一经验，逐步完善认证体系，在积极引进外部知识体系基础上，建设有中国特色的供应链管理知识体系，加速培养合格专业人才，以减少"重新发明轮子""只摸石头不过河"的问题，帮助更多处于供应链管理起步阶段的企业快速提高管理水平，解决成本高企、交货延迟、品控不稳等燃眉之急，避免供应链成为制约企业发展的短板弱项。

第二阶段：主动和细分型供应链

对企业供应链的转型升级而言，被动和支持型供应链之后的一个阶段，是主动和细分型供应链。在这个阶段，企业已经摆脱了被动角色，需要积极主动地出击，并基于自身特点，有针对性地建设供应链能力，获得独特竞争优势。

什么是主动和细分型供应链？

主动和细分型供应链，是供应链管理的第二个发展阶段。

在这个阶段，企业主动积极针对不同细分市场的客户需求，提供不同产品，根据产品需求不确定性和供给不确定性的不同组合情况，选择不同的供应链战略，进而根据不同战略，发展独特的供应链能力。

按照供需不确定性的不同组合，主动和细分型供应链可以划分为四种供应链战略类型，即高效型供应链、快速响应型供应链、风险对冲型供应链、敏捷型供应链。企业需要根据不同供应链战略，选择适合的供应链网络，设计供应链流程，配置必要资源。

需要注意的是，在同一行业之内，由于各企业发展模式、发展阶段不同，有可能出现多种供应链战略形态并存的局面。即使在同一企业内，基于不同细分市场的需求，企业也可能要打造不同的细分供应链战略来获得竞争优势，即可能存在针对不同细分市场的多种供应链战略。

下面，我们将围绕供需不确定性的组合的具体情况，一一解读四种具体的供应链战略。

供需不确定性的组合矩阵

企业在选择具体的供应链战略时，首先要面对目标客户群体对于产品需求的不确定性，其次要面对企业满足需求的过程中产生的供给不确定性。

我们先看需求端的不确定性。客户需要的产品千差万别，但可以划分为以下两个基本类型。

第一类是功能型产品。此类产品在满足不同顾客需求时，功能特性中的差异性、个性化因素不多，产品生命周期较长，更新换代较慢，需求相对容易预测。例如，石油、天然气、基本食品、基本服饰和家庭消费品等很多都属于功能型产品，它们往往具有利润率较低的特征。

第二类是创新型产品，此类产品生命周期较短，创新性、个性化和时尚性特征比较明显，利润率较高，而且更新换代比较快，需求也不容易预测。时装、高端电脑、先进集成电路，以及形形色色的定制化商品，很多都属于创新型产品。

表6-2概括了功能型产品和创新型产品的差异情况。

表6-2 需求端两类产品的差异

功能型产品	创新型产品
需求不确定性低	需求不确定性高
需求更容易预测	需求难以预测
需求稳定	需求不稳定
产品生命周期长	产品销售周期短
库存成本低	库存成本高
利润率低	利润率高
产品种类少	产品种类多
每存货单位销量大	每存货单位销量小
断货成本低	断货成本高
产品淘汰慢	产品淘汰快

资料来源：Hau L. Lee. Aligning Supply Chain Strategies with Product Uncertainties[J]. California Management Review, 2002。

我们再看供给端的不确定性。对于企业而言，满足客户需求的供应流程，也可以划分为两个基本类型。

第一类是"稳定的供应流程"。一般来说，制造流程和工艺技术相对成熟，生产制造过程复杂程度较低或者相对容易控制，相关流程比较稳定，自动化水平较高。这类流程往往会配套长期供应合同，供应基础相对健全。

第二类是"正在演进的供应流程"。制造流程和工艺技术往往处于早期阶段，处在快速变化与迭代之中，制造流程存在很多不确定性，调整频率较高，常常受到故障和产能不稳定的影响。与之对应的供应链，在基础规模和运营经验上可能都是有限的。除了处于新兴产业或生产新兴产品，企业采取生产外包方式的时候也会呈现出供应流程正在演进的种种特征，因为此时供应商本身存在不可靠因素或流程不稳定，需要经历一个磨合过程。

表 6-3 概括了"稳定的供应流程"与"正在演进的供应流程"之间的差异。

表 6-3 供给端两类供应流程的差异

稳定的供应流程	正在演进的供应流程
生产故障少	生产易发生故障
产量高、稳定	产量低、不稳定
质量问题少	存在潜在的质量问题
供应源多	供应源有限
供应商可靠	供应商不可靠
流程变化少	流程变化多
产能限制少	存在潜在的产能限制
易于转换	难以转换
灵活	不灵活
提前期确定	提前期不确定

资料来源：Hau L. Lee. Aligning Supply Chain Strategies with Product Uncertainties[J]. California Management Review，2002。

一般来说，功能型产品的供应链是相对成熟、稳定的，更多呈现出"稳定的供应流程"特征，但这一点并不绝对。

以电力供需为例，正常情况下，一个处于电力稳定状态的地区，每年对于电力的需求量是比较稳定的，也容易对其进行预测，但如果这个地区每年降水量差异很大，水力发电的供给就会呈现很大的波动性，进而导致供应流程不太稳定。

相反，某些创新型产品的供应流程有可能是很稳定的。例如时装，其流行趋势多变，产品需求很难预测，但产品本身的供应流程却很稳定，制造流程和工艺技术非常成熟，供应基础也相当可靠。

因此，基于需求端的两类产品和供给端的两类供应流程，事实上供需不确定性存在四种不同的组合。具体情况如图 6-1 所示。

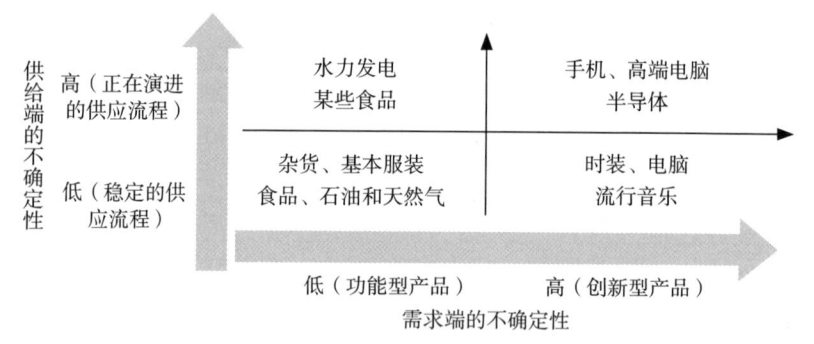

供给端的不确定性	低（功能型产品）	高（创新型产品）
高（正在演进的供应流程）	水力发电 某些食品	手机、高端电脑 半导体
低（稳定的供应流程）	杂货、基本服装 食品、石油和天然气	时装、电脑 流行音乐

需求端的不确定性

图 6-1　需求端不确定性与供给端不确定性的组合矩阵

资料来源：Hau L. Lee. Aligning Supply Chain Strategies with Product Uncertainties[J]. California Management Review, 2002。

在图 6-1 的 2×2 矩阵之中，右边象限比左边象限的供应链管理难度更大，同样，上面象限比下面象限的管理难度更大。

对于企业来说，在主动和细分型供应链这个发展阶段，非常重要的一点是，要在确定供应链战略之前，了解供需两端潜在不确定性的情况，锁定不确定性的来源，进而找到降低不确定性的方法。

如果能让产品的不确定性特征从矩阵右边象限移到左边象限，

或者从上面象限移到下面象限，就意味着供应链绩效的提升，因而企业相对于生产同类产品的竞争对手，在控制供应链不确定性、降低供应链管理难度方面，就能获得弥足珍贵的竞争优势。

基于供需不确定性矩阵的四类供应链战略

对于前文的 2×2 供需不确定性矩阵而言，每个象限都对应了一种相对而言比较适用、能够解决供需匹配问题的具体供应链战略。

国际知名的供应链管理学者、斯坦福大学教授李效良，将四类具体战略依次命名为高效型供应链、风险对冲型供应链、快速响应型供应链、敏捷型供应链。具体情况如图 6-2 所示。

	低（功能型产品）	高（创新型产品）
高（正在演进的供应流程）	风险对冲型供应链	敏捷型供应链
低（稳定的供应流程）	高效型供应链	快速响应型供应链

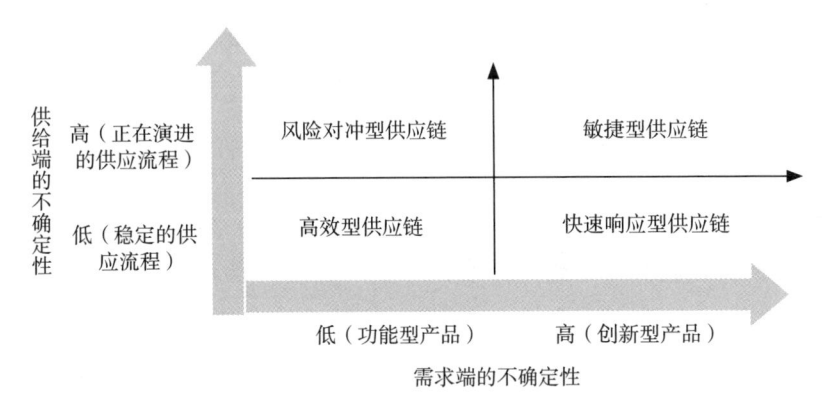

供给端的不确定性 ↑　　需求端的不确定性 →

图 6-2　供需不确定性矩阵的对应供应链战略

资料来源：Hau L. Lee. Aligning Supply Chain Strategies with Product Uncertainties[J]. California Management Review, 2002。

其中，高效型供应链适用于"低需求不确定性 + 低供应不确定性"的场景，旨在通过标准化产品的大规模生产，以不变应对不变，形成可观的规模经济效应，从而赢得市场竞争力。

风险对冲型供应链适用于"低需求不确定性＋高供应不确定性"的场景，旨在通过对多种供应资源，包括库存与生产能力的集合、共享和利用，以多变应对不变，形成对供应波动与风险的有效分担与对冲，实现稳健发展。

快速响应型供应链适用于"高需求不确定性＋低供应不确定性"的场景，旨在通过快速捕捉客户多元化的需求，以不变应对多变，借助相对稳定的供应链基础，尽快占据市场份额。

敏捷型供应链则适用于"高需求不确定性＋高供应不确定性"的场景，它集合了快速响应型和风险对冲型供应链的优势，以多变应对多变，既能快速捕捉市场需求，又能充分发挥供应链的弹性与适应性，形成综合竞争能力。

企业究竟如何制定供应链战略呢？一个简便易行的打法就是，先找到自己在供需不确定性矩阵中的位置，再找到这个象限对应的供应链战略类型，以此为基础，形成适应自身的具体战略。

四类供应链战略的实战案例

我们来看一看服装行业的实战案例，以此深化对不同供应链战略的理解和认识。这里选取的企业，有前文介绍过的冯氏集团、红领集团、韩都衣舍，还有一家香港公司——联泰集团（Luenthai）。联泰集团与冯氏集团有很大的相似性，也是一家主业包括服装制造的多元化跨国集团。不过，它以自产为主，与多依靠生产外包、流程不确定性较大的冯氏集团相比，其供应链更加稳定。

表 6-4 对比了四家服装企业的基本情况。

表 6-4 四家服装企业基本情况对比

案例企业	主营产品	目标客户	订单特点	销售渠道
联泰集团	基本服装	大众消费者	少批次、大批量（自产）	传统分销渠道
冯氏集团	基本服装	大众消费者	少批次、大批量（外包）	传统分销渠道
红领集团	定制西装	追求品质与合身效果的商务人士	一人一款	自营电商，客户参与设计
韩都衣舍	快时尚时装	追求新颖、设计感的时尚人群	多款、多批、小量	自营电商，在天猫、京东等电商平台运营

这四家服装企业，恰好可以放进供需不确定性矩阵的四个象限之中，对应不同的供应链战略，具体情况如图 6-3 所示。

其中，联泰集团提供基本服装产品，生产以自产为主，供应流程稳定，供应链战略属于高效型供应链；冯氏集团同样提供基

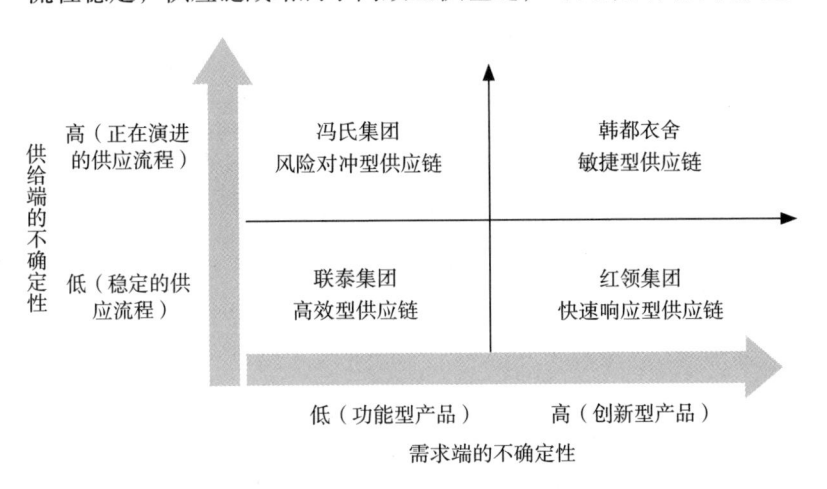

图 6-3 四家服装企业供应链战略对比

本服装产品，生产以外包为主，存在供应流程不稳定的问题，选择了风险对冲型供应链战略；提供定制西服产品的红领集团，产品需求快速多变，而流程已形成相对固定模式，采用快速响应型供应链战略；提供快时尚产品的韩都衣舍，以产品小组作为工作单元来对接灵活的需求，采取多款、小量产品委托外包生产，采用敏捷型供应链战略。

作为企业的供应链管理者，你会偏爱哪种场景，选择哪种战略？相信很多人会青睐供需两端稳定的场景，走高效型供应链发展之路。这确实是管理难度最低的一种选择，也是多年来很多企业的现实选择。大家走这条路，将规模经济效应和成本优势做到极致，也取得了可观业绩。

但是，在当前市场产能普遍过剩、许多行业面临供给侧结构性改革任务的情况下，满足于这一供应链战略可能已经不够了。对许多行业来说，供给侧改革不是简单的去产能问题。真正过剩的，是低效、经营方式粗放的产能。相反，高效、经营方式集约的产能，则有助于企业在市场竞争中保持生存能力。如何形成高效、经营方式集约的产能呢？一条可行之路就是不断提高产品的技术含量和定制化程度，同时提升供应链的弹性与适应能力。这就意味着企业应当主动朝敏捷型供应链的方向发展，主动迎接供需两端的不确定性，用强大的供应链能力克服不确定性的负面影响。

企业如果朝满足客户个性化需求的方向持续发展，就有可能进入智慧和体验型供应链的发展阶段，这就是供应链转型升级的第三阶段。

第三阶段：智慧和体验型供应链

随着经济发展，技术进步，市场竞争日益激烈，单一产品已经很难帮助企业获得持续竞争优势，越来越多的企业开始走上产品加服务的发展之路。与之对应的供应链发展模式，就是智慧和体验型供应链。

什么是智慧和体验型供应链？

智慧和体验型供应链，是供应链管理的第三个发展阶段。

在这个阶段，企业不仅关心产品品质，更关心用户的购买和使用体验。企业获得竞争优势的主要方式，也变成了快速响应客户个性化需求，提供个性化产品与服务的组合，为客户带来最佳体验。

在这个阶段，企业所遵循的，已经不是产品主导逻辑，而是从用户需求、体验和获得感出发的服务主导逻辑。服务主导逻辑必然要求供应链前端给予用户反馈和对用户数据充分重视，形成通过数据分析能够提前预测客户需求的强大能力，同时形成将客户潜在需求有效激发、释放的能力，从而给企业带来快速进入市场、抢占先机的先发优势。企业供应链后端则需要实现对合作伙伴资源的有效整合，关注通过流程整合而提高的反应速度与准确性，以此形成迅速满足前端需求的强大竞争优势。

本书前文介绍的不同行业的供应链创新路径，如海尔的服务型制造、京东的智慧供应链、怡亚通的星链平台等，都属于智慧和体验型供应链的范畴。

对供应链的发展而言，从第二阶段的主动和细分型供应链到第三阶段的智慧和体验型供应链，是非常重要的一次飞跃。

在这一次飞跃之中，供应链管理者的思维有何变化？企业的变革如何发生？下面我们来一步步揭开谜底。

从商品主导逻辑到服务主导逻辑

智慧和体验型供应链的理论基础与底层逻辑，是从商品主导逻辑到服务主导逻辑的重要转变。

具体地说，在传统的商品主导逻辑中，企业主要靠出售商品获得收入和利润，实现价值。但是，在现代价值体系中，价值需要从客户角度判断，这就出现了服务主导逻辑。它的核心思想是客户才是最终的价值评估者，是否满足客户服务需求，给他们带来方便，解决痛点，让他们产生体验感和获得感，决定了商品能否产生价值。商品本身变成了服务的一个载体。

在这一逻辑之下，企业必须了解最终客户，关注客户体验，从客户角度出发提供价值，这样才能获得竞争优势。这就决定了企业应当发展以客户为中心的智慧和体验型供应链。

在供应链管理环节，服务主导逻辑要求企业更加重视操作性资源，包括商品生产、销售环节涉及的各类知识、技能，而非实物等对象性资源。以芯片为例，它的原材料主要是单晶硅，作为对象性资源，单晶硅俯拾皆是，毫无稀缺性可言，但人类的知识和技能能使单晶硅迸发出无限能量。

按照服务主导逻辑，服务的概念是"某实体为了实现自身或其他实体的利益,以行动、流程和履行为手段,对知识、技能等专业能力的一种应用",这里面包含了重视操作性资源的思想观念。同时,这一概念跨越了商品和服务的传统划分,具体商品变成了传递与实现服务价值的手段。[①]

表 6-5 展示了商品主导逻辑和服务主导逻辑的主要差别。

表 6-5　商品主导逻辑与服务主导逻辑的对比

类别	商品主导逻辑	服务主导逻辑
基本交易单位	人们为获得商品而进行交易,商品是对象性资源	人们为获得由专业能力(知识和技能)创造的收益而进行交易,专业能力是操作性资源
商品的作用	商品是对象性资源或最终产品,市场营销人员负责改变商品的形式、所用权,以及与商品有关的时间、地点	商品是操作性资源的传递者,被视为价值共创过程中的一种工具
顾客的作用	顾客是商品的接受者,企业通过营销力争从顾客那里获得更多的收益,顾客是对象性资源	顾客是价值的共同创造者,企业通过营销来推动价值共创各方的交互,顾客是操作性资源
价值的决定者与意义	价值被定义为交换价值,由生产者决定,在生产过程中被嵌入对象性资源(通常是商品)中	价值被定义为使用价值,由顾客感知并最终决定,价值源自对操作性资源的利用(即服务),有时也需要通过对象性资源来传递,企业只提出价值主张
企业与顾客之间的交互	顾客是对象性资源;为与顾客进行交易,企业通常通过采取行动来吸引顾客	顾客是操作性资源,会积极参与价值共创,并主动同相关各方拓展关系
财富来源	财富源自有形资源及商品剩余,拥有财富意味着能够占有、控制、生产对象性资源	财富源自对专业知识、技能的应用和交易,代表进一步使用操作性资源的权利

资料来源:S. L. Vargo,R. F. Lusch. Evolving to a New Dominant Logic for Marketing[J]. Journal of Marketing, 2004, 68(1): 1-17。

---

① S. L. Vargo , R. F. Lusch. Evolving to a New Dominant Logic for Marketing[J]. Journal of Marketing, 2004, 68(1): 1-17.

以客户为中心

从商品主导逻辑到服务主导逻辑的转变，必然要求企业以客户为中心、与客户实现价值共创。这意味着智慧和体验型供应链的核心能力是准确获悉客户需求，及时提供相关服务。它与近年来学术界反复强调的打造"以客户为中心的供应链"（the customer-centric supply chain）有异曲同工之妙。

什么样的供应链才算以客户为中心的供应链呢？从概念上说，如果供应链能够了解关键客户，有能力近距离服务于这些客户，那它就是为时刻满足客户需求而设计的。[①]

以客户为中心的供应链形成的驱动力，主要来自五个方面。

第一，顾客群体的改变。以美国为例，根据在线票务网站 Eventbrite 的调查，美国的所谓千禧一代，也就是 1980 年后出生，到 21 世纪初成年的这一代人，是最倾向于获得一项"体验"而非"购买"一件商品的一代人，这是物资匮乏时代结束、人们开始更加重视个体体验与感受的必然结果。这种改变同样适用于中国。而它会倒逼企业调整战略，改善供应链能力，更多提供服务体验，而非简单生产商品。

第二，商业模式的创新。在供应链升级的支持下，新商业模式不断崛起，制造业服务化、产品与服务组合化等新趋势不断出现。这些新的商业模式，更多强调了服务体验的价值。

[①] S. A. Melnyk, D. J. Stanton. The Customer-Centric Supply Chain: The Importance of Dissolving the "Wall" Between the Customer and the Supply Chain[J]. Supply Chain Management Review, 2017, 21(7): 28-37.

第三，技术的进步。蓬勃发展的新技术，特别是信息技术，使得供应链数字化、智慧化成为可能，能够捕捉并且满足客户的个性化需求，提供多元化服务。

第四，竞争者的鲇鱼效应。在市场竞争日趋激烈的情况下，在满足客户需求、提供服务体验方面走在前面的强大竞争者，如鲇鱼闯入沙丁鱼群一般，能够带动行业的整体变化。正如亚马逊效应，亚马逊在电商行业率先推出了 7×24 小时服务、高时效配送等客户服务，就是发挥了这种带动作用。京东、顺丰等中国企业，在各自行业中也扮演了类似角色。

第五，供应链内部的变化。如管理人员理念和知识的变化，也能推动供应链呈现出以客户为中心的发展变化。

对于有志于打造智慧和体验型供应链、有效捕捉和高效满足客户需求的企业而言，前述五个方面，正代表了主动进化、寻求突破的行动方向。

与客户价值共创

在以客户为中心的时代，企业和客户之间的关系发生了变化。对企业而言，客户由产品或服务的被动消费者，变成了价值的共同创造者。这是具有颠覆性的重大变化。价值共创的全新关系模式倒逼企业与客户"共情"，更多站在客户角度看问题，与客户精诚合作，以争取内外部资源的最佳配置效果。

具体地说，价值共创将促成以下两大转变。

一是价值形成的转变。按照价值共创观点，价值形成方式从企业主导、在买卖交换过程中决定，变成了参与者共同决定。企业的责任是经营共创平台、创造客户体验场景，而客户做的则是寻找多元化场景进行尝试，根据感受形成价值，这也促使企业收获经营成果。在这个过程中，共创平台的质量取代了传统的产品质量，成为关键性因素。

二是价值互动的转变。按照价值共创观点，价值传递不再是简单的一手交钱、一手交货，而是深层次的互动过程。企业通过与客户的互动，不仅可以了解客户需求，而且可以邀请客户参与设计、生产过程，实现客户与企业团队的共情、共景、共识。基于互动和共情，企业团队能够体会不同场景下客户对于产品、服务的预期，甚至识别客户对于缺陷的容忍度，从而更好地统筹资源，实现个性化设计与高效生产，精准贴合真实需求。

智慧和体验型供应链的实战案例

下面我们来看两个以客户为中心建设智慧和体验型供应链，实现企业与客户价值共创的实战案例。

第一个案例是韩都衣舍的三方互动。

前文在介绍制造业供应链创新时讲过，韩都衣舍为了在外包生产模式下更好地与消费者互动，形成了三人产品小组。

从服务主导逻辑和价值共创角度看，这种三人小组模式，以服装设计师对接客户需求，以网络营销师对接市场，以货品管理专员对接供应商，正是以客户为中心的理念在供应链组织管理领域的创新典范。通过形成以客户为中心的三方互动结构（见图6-4），

传统视角下客户与供应链管理之间的关系

客户 ⇒ 营销/销售 ⇒ 供应链管理

vs

以客户为中心的供应链视角下客户与供应链管理之间的关系

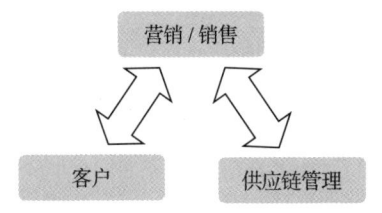

营销/销售
⇕
客户 ⇔ 供应链管理

图 6-4 客户与供应链管理的关系：传统视角与以客户为中心视角的对比

资料来源：S. A. Melnyk，D. J. Stanton. The Customer-Centric Supply Chain: The Importance of Dissolving the "Wall" Between the Customer and the Supply Chain[J]. Supply Chain Management Review，2017，21（7）：28-37。

企业有效获取客户需求信息，提升客户服务体验，成功塑造了智慧和体验型供应链管理能力。

第二个案例是耐克的个性化量身定制服务。这是一个鼓励客户参与设计和生产环节、实现制造业服务化、将企业与客户紧密联结的经典案例。

耐克很早就推出了 Nike ID 线上定制平台。客户可以任选产品，通过天马行空的 DIY（自己动手做），改变产品不同部位的配色，设计出只属于自己的个性化产品。尤其吸引人的是，客户甚至可以打上自己的 ID（身份标识）。此类产品相对于基础版本，价格仅仅增加了 30%~40%。

后来，耐克定制服务继续创新，推出了 Nike Makers' Experience 服务。它通过 AR 技术，帮助客户看到设计出来的鞋子"穿"在自己身上的样子。最终设计确定后，鞋子当场制作，客户一个多小时后就可以取货。

很多品牌都标榜个性化，但大多数品牌都只是偶尔推出限量版或纪念版，以此作为个性化噱头。耐克却让每一个消费者都享受到真正个性化的"产品量身定制"，且无须支付过高费用。这种为客户带来丰富体验的服务能力，背后是供应链前端对于客户需求的强大捕捉能力，以及供应链后端及时响应客户需求的柔性生产能力，这是智慧和体验型供应链能力的整体体现。

第四阶段：供应链 + 生态圈

在供应链能力的支持下，企业在供应链上下游的整合深度与扩展广度方面不断推进，其关注点也从单纯的自身供应链绩效，拓展到帮助众多上下游伙伴提升供应链绩效，乃至于促进整个供应链网络发展进步，实现生态圈的整体繁荣。

什么是生态圈？

供应链 + 生态圈是供应链管理发展的第四个阶段，也是最高阶段。

下面让我们来了解一下什么是生态圈。

商业上的生态圈概念，与生物学上的有一定相似性，也叫商业生态系统（business ecosystem）。它是指以组织和个人相互作用为基础的经济联合体，这个联合体能够生产对消费者有价值的产品和服务，参与主体包括企业、供应商、消费者、市场中介等，他们以共同利益为纽带实现相互联结。

商业生态圈有三个特征：

第一，商业生态圈能够提供面向客户的系统解决方案，解决复杂市场环境下单个企业难以满足客户多维需求的痛点。

第二，商业生态圈中包含各类横向、纵向、斜向的价值链，它们与生物生态圈中的物质、能量、信息流动存在相似性。

第三，商业生态圈中企业优势互补、资源共享、风险共担，共同维护生态系统的运行，这和生物生态圈的共生共荣关系非常相似。

传统供应链管理的核心，就企业外部而言，是对上游供应商和下游客户的整合与关系管理。随着数字化技术进步和平台模式的兴起，供应链管理的边界也在不断扩展延伸，不仅在链条两端向"客户的客户"和"供应商的供应商"延伸，而且在吸纳更多参与者、包含众多价值链条之后，变得越来越模糊、多元，从而形成了供应链+生态圈这一供应链管理创新模式。

在这种模式下，核心企业以自身的卓越供应链能力为基础吸引上下游企业、其他第三方企业和利益相关方，形成围绕该卓越供应链能力的端到端的服务生态体系。这也意味着供应链管理发展到了最高阶段。

什么是生态系统理论？

供应链+生态圈的供应链管理创新模式，背后的逻辑基础是生态系统理论。我们在这里做一个简要介绍，以便读者更好地了解这种供应链管理创新模式的内涵。

在商业生态圈，或者说商业生态系统中，供应商、生产商、销售商、市场中介、投资商、政府、消费者等各个参与者功能各异、各司其职，同时相互依赖、共生共荣。虽然他们都为各自不同的利益所驱动，但同时都担负着共享资源、共担责任、共同维护系统延续和发展，实现经济、社会、环境综合效益的任务。生态系统的任何环节遭到破坏，或者参与者利益受到损害，都有可能影响整个系统的平衡稳定。

生态系统理论的一个关注重点是，系统参与者之间的共生模式。根据不同参与者的地位差异和利益分配模式差异，共生模式大体上可以分为寄生共生关系、偏害共生关系、偏利共生关系、竞争共生关系、非对称性互利共生关系和互惠共生关系六种。在参与者自身和环境变化的条件下，共生模式之间可以相互转化。

该理论的另一个关注重点是服务生态系统。它是指不同参与者以各自价值主张、制度、技术和共同语言为媒介，为了共同生产、提供服务和创造价值而形成的具有自发感知和互动响应特征的一种松散耦合型的时空结构。在服务生态系统中，不同参与者共享制度逻辑，通过服务交换和价值共创，实现系统的相对独立和自我调节。这也是供应链管理发展到供应链＋生态圈阶段所依托的理论基础。

建设供应链＋生态圈的关键步骤

前文分享的诸多供应链升级创新案例，从海尔、红领到京东等，发展到最后，都形成了供应链+生态圈。这是供应链管理的最高境界，是全新商业模式的序章。此时，企业的核心供应链能力已经发展到很高水平，企业借此聚集了海量而多元的平台参与方，自身商业模式也从封闭性的业务逻辑，进化为开放性的生态圈的逻辑。

从建设供应链+生态圈的诸多实战案例来看，处于不同行业的企业，大多经历了一个这样的发展过程：发展初期，通过打造供应链管理的知识与信息系统，连接供应链上下游，利用供应链整合服务形式，为上下游伙伴创造价值；随后，进一步扩大服务范围，将服务能力向更多企业开放，甚至延伸到其他类型供应链中存在类似需求的企业，从而形成以卓越供应链能力为基础的生态圈系统。

具体来说，在建设和维持生态圈系统的过程中，以下四个关键步骤是值得注意的。

一是深刻理解所处行业。抓住所处行业的发展痛点，识别包括行业上中下游伙伴企业、组装厂、第三方物流、相关政府部门和金融机构等在内的各方，将其当作生态系统成员，理解其互动模式。在此基础上，找准改进供应链管理、解决资金问题、提升效率、推进创新的核心突破口，逐步拓展自己的供应链整合与创新服务，一步步打造生态系统。

二是为生态圈设计价值主张。生态圈每个成员都有自己的商业模式，要在理解这些商业模式的基础上，明确主攻点，形成生态圈的价值主张；要以此为目标搭建信息系统，提升供应链服务能力，为价值主张提供能力支撑。

三是为生态圈成员创造价值。要花大力气梳理供应链不同环节的业务内容与相互关联情形，开发针对不同环节的服务模块，形成服务体系。当有些厂商找不到供应商时，集中采购模块可以帮助它们；如果有些厂商不熟悉进出口流程，通关、商检、退税、物流等模块就可以发挥作用。企业在提供服务的过程中，不要单打独斗，而应引入合作伙伴一起提供服务，从而有效协调生态圈各参与方，维护合作秩序，提高协同效率，实现利益共享与风险共担，以及整体价值创造。

四是有效管理风险。供应链管理扩展到生态圈领域之后，责任范围扩大，环节越来越多，风险管理任务也越来越重。对此，要有清醒认识，要认真分析风险源头，通过完善信息系统、优化交易结构等方式，努力实现风险的量化。在此基础上，设计不同的定价方案和合同模式，合理分配和缓释风险，实现生态圈风险的有效管控。这样，生态圈参与者的共荣共生关系就会变得更加牢固。

关于前述供应链+生态圈的"四步走"模式，图6-5展示了

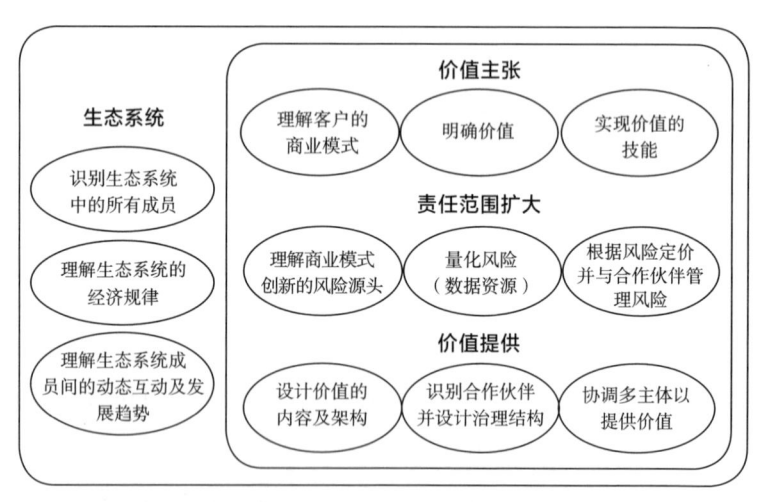

图6-5 供应链+生态圈的"四步走"模式核心要点

其中的核心要点。

需要注意的是，这一境界绝不是一蹴而就的，而需要经历漫长而复杂的蜕变过程。企业不能好高骛远，盲目跟风潮流，轻易跳过其中的必要发展步骤，在尚未形成核心优势和管理能力的情况下揠苗助长。唯有如此，才能长久立于不败之地。

对四个发展阶段的回顾

国学大师王国维在《人间词话》中，对人生的三个境界做了非常精妙的概括。

第一境界——"昨夜西风凋碧树，独上高楼，望尽天涯路。"此时尚处于迷茫期，需要远眺前路，树立志向，寻找方向。这是一个"立"的境界。

第二境界——"衣带渐宽终不悔，为伊消得人憔悴。"此时已有目标，锲而不舍，守护梦想，无怨无悔。这是一个"守"的境界。

第三境界——"众里寻他千百度，蓦然回首，那人却在，灯火阑珊处。"此时历经磨难，逐渐成熟，豁然领悟，终至大成。这是一个"得"的境界。

通过深入的案例分析和大量企业管理者访谈，我们可以发现，在供应链管理创新的四个阶段中，也存在一个从"立"到"守"，再到"得"的发展过程。

在第一阶段，企业供应链管理处于基础和初级阶段，以内部流程梳理为第一要务，以求有效控制成本、提高产品质量。在这个过程中，供应链升级创新的长远方向逐步形成。这是被动和支持型供应链的发展阶段，相当于"立"的阶段。

第二阶段，企业根据供需两端不确定性的组合矩阵，选择不同的供应链战略，设计适宜流程，打造网络，匹配资源，并根据不同的企业战略目标设定供应链绩效目标。这是主动和细分型供应链的发展阶段。

第三阶段，企业从商品主导逻辑转变为服务主导逻辑，以最终客户为中心，重视客户体验，从提供产品转变为提供服务。这是智慧和体验型供应链的发展阶段，与主动和细分型供应链阶段一起，构成了"守"的阶段。

第四阶段，建立生态圈，精心设计生态圈发展机制，实现公开、透明记录数据，达到生态圈参与者合作共赢。这是供应链＋生态圈的发展阶段，也就是达到了"得"的阶段。

纵观中国企业的供应链创新实践，相当一部分企业仍处于第一阶段，甚至还在第一阶段的起步期，还有一部分企业已经走到了第二、第三阶段，达到第四阶段的企业并不多见。另有一种情况是，企业已经开始打造第四阶段的平台型商业模式，但为了实现生态圈的可持续良性循环，又开始反过来补充第一、第二阶段的线下供应链能力。

总体来说，供应链创新存在两种路径（见图6-6）。

第一种是指从供应链某个环节起家的传统企业，先是完成供应链多个环节的整合，然后再利用数字化技术，在互联网平台思维的推动下，建立基于生态圈的商业模式，而生态圈则是依靠其多年积累的供应链管理经验与能力支撑。前文提到的海尔、红领、

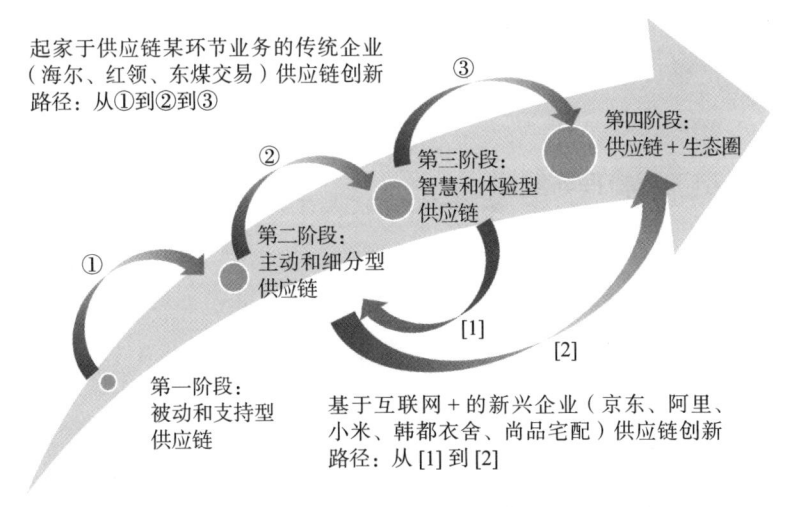

图 6-6　供应链管理的四阶段与企业供应链创新的两种路径

东煤交易等，都属于这种情况。

第二种则是指以互联网+为背景的新兴企业，它们常常直接从第三阶段起步，凭借信息技术对行业进行整合。不过，在发展过程中，这类企业也会出现回过头来补课、补充线下供应链管理基础能力的情况。前文提到的京东、小米、韩都衣舍、尚品宅配，都属于这种情况。

推动供应链管理进阶的实战能力

在了解了供应链管理的四阶段特征之后，我们来看一个很值得关注的问题——在实战中，如何推动供应链管理进阶？

下面我们将介绍对于供应链管理进阶而言至关重要的三种核

心能力：一是供应链流程梳理与细化，二是供应链数字化，三是供应链整合。

供应链流程梳理与细化

供应链管理进阶需要具备的第一个核心能力，是供应链流程的梳理与细化，这也是供应链管理在第一阶段应该掌握的核心能力。

本章开头部分提到的 SCOR 模型，是企业进行供应链流程梳理和细化的理想工具。SCOR 模型将供应链流程分为六个主要部分，分别是计划（plan，制订计划来运作供应链的相关活动）、采购（source，订购和接收商品与服务）、生产（make，转换物料形态或创建服务内容的相关活动）、配送（deliver，创建、维持和履行客户订单的相关活动）、退货（return，反向物流的相关活动），以及赋能（enable，支撑前五个流程的一系列赋能活动）。

这六大流程还可以进行第二层级的分解，形成 30 个二级子流程。比如"计划"又可以拆分为计划采购、计划制造、计划配送、计划退货等，还可以继续往下分解。同时，企业内部的六大流程又与上游供应商的流程、下游客户的流程紧密相连。整体框架如图 6-7 所示。

运用前文提到的"4 个 P"框架，就可以对企业供应链流程各环节的状况进行梳理，设定绩效目标，推动最佳实践，形成人员和资源的有效配置。

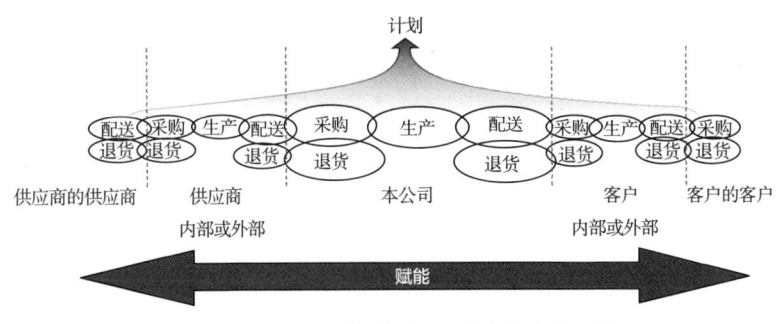

图 6-7　SCOR 模型视角之下的供应链流程

供应链数字化

供应链管理进阶需要具备的第二个核心能力，是供应链的数字化。

数字化技术包括但不限于 ERP 系统、供应链系统、网络平台、物联网、云计算、大数据等，它们能对供应链产生巨大影响。它们不仅能够帮助被动和支持型供应链改进效率，提供供应链和服务流程的整合创新工具，也能够改进客户沟通、整合跨组织资源、实现信息透明、促进伙伴互信。

除此之外，大数据和人工智能技术还能推动决策优化，提高资源使用效率，甚至带来商业模式的颠覆性创新。后面将有专门章节，对供应链数字化进行详细阐述。

供应链整合

供应链管理进阶需要具备的第三个核心能力，是供应链的整合。何为供应链整合？它是指企业与供应链伙伴之间的战略协调与合作。通过组织内部流程与组织间流程的整合协调，企业在供应链管理中将实现对产品流、服务流、信息流、资金流和决策流的有效管理。

供应链整合贯穿于供应链进阶的完整过程，在各个阶段都能发挥作用。

供应链管理第一阶段的重点是企业内部整合，高效组织生产活动。内部整合的有效方式，包括成立多功能工作小组、实现内部标准化、建立跨部门协调机制等。

第二阶段的重点是外部整合，即企业与合作伙伴之间进行整合，以充分利用多个组织的资源能力，协调不同组织流程，更好适应市场需求。

外部整合又分为对上游的供应商整合和对下游的客户整合。其中，对供应商整合的常见打法，包括建立战略联盟、实现操作融合、将管理向供应商的供应商延伸等，旨在增加供应链的敏捷性和弹性。对客户整合的重点，包括聚焦关键客户、不断维护和修正面向客户的价值主张、强化对客户需求的快速反应能力。

第三阶段的重点，是在第二阶段的基础上将整合对象扩展到最终客户。利用互联网平台和数字化技术，推动流通渠道扁平化，以此实现与最终客户的有效互动，及时了解客户需求，获得客户行为体验数据，做出智能决策，并在此基础上精准整合设计、制造环节的资源与能力，从而实现快速做出反应。

第四阶段的重点，是进一步运用互联网平台和数字化技术，设计平台生态圈的合作机制，实现对生态圈参与者的全面整合，维持生态圈的繁荣与共赢。其中的关键在于，妥善设计合作机制，有效实现关系管理。关系管理包括信任（trust）、关系承诺（relationship commitment）和权力（power）三大要素。

具体来说，信任又可以细分为四种类别，分别是能力信任（指被信任的人有执行任务的技术和管理专长，并能不负期望地发挥它们的作用）、契约信任（指可以信赖被信任的人能维护伦理标准并执行口头或书面许诺）、算计性信任（calculative trust，由于被信任人欺骗或进行机会主义行为的成本比由此获得的收益要大得多，因此信任人信任被信任人），以及情感信任（affective trust，双方相互喜欢，从而都有比正常期望的做得更多的意愿）。

关系承诺可以细分为两种类别，分别是情感承诺（一方对另一方的目标和价值的承认与感情附着），以及算计性承诺（一方对相关交易的收益和成本的识别，以及为了满足自身需要而维持关系的意愿）。

权力则可以细分为五种类别，分别是专家权（通过知识和技能来影响目标）、参考权（通过品牌和企业的知名度来影响目标）、合法权（通过自然拥有的权利或司法权来影响目标）、奖赏权（通过使用奖励来影响目标）、惩罚权（通过使用惩罚来影响目标）。

最后，分享以下在供应链整合的长期研究过程中所积累的七条经验。

（1）供应链整合有助于降低成本，缩短交货时间，提高效率和灵活性。

（2）关系承诺之中，情感承诺对供应链整合至关重要，而算计性承诺则不太重要。

（3）权力之中，专家权非常有效，而惩罚权效用最小。

（4）内部信息整合能力对增强外部整合而言至关重要。

（5）很多企业内部整合水平较低，它们更强调关系的重要性。

（6）对很多企业而言，人际关系和非正式信息共享非常重要。

（7）数字化及大数据技术，是供应链整合的巨大推动力。

供应链管理的战略理论框架

与供应链管理进阶的四个阶段相呼应，我们根据企业在供应链上参与程度和所扮演角色的差异，开发了一个便于企业进行自我角色定位的框架，可以帮助企业在推进自身供应链发展的同时，更好地动态审视与之相关的价值主张，建立价值主张供给渠道，有效管理与客户的关系，整合、优化资源，提升企业内部、企业与合作伙伴之间的系统化水平与资源配置水平，从而推动生态系统建设与价值共创（见图6-8）。

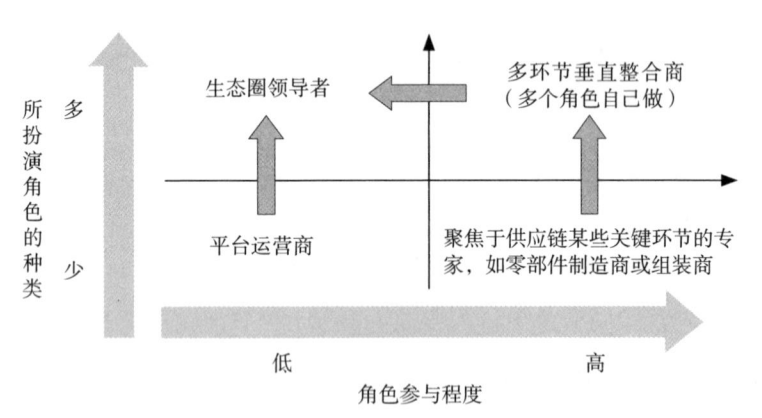

图6-8 供应链管理进阶中的自我角色定位

下面我们对图 6-8 的框架中的四种角色定位逐一进行简要说明。

右下象限是聚焦于供应链某些关键环节的专家（如零部件制造商或者组装商）。制造型企业在进行商业模式创新的初期，往往在行业和市场中扮演这个角色。它们在某个领域拥有专业能力，但角色仅限于供应链的某个环节。

右上象限是多环节垂直整合商。聚焦于单一环节的专家型企业常常会发现，自己付出了很多，但由于并不处于价值分配的优势环节，收益相对有限。这种情况下，企业就会进行供应链扩张，在供应链中扮演更多角色，自我定位也就升级为多环节整合商。这需要企业具备强大的供应链整合能力，能够为上下游企业提供相关供应链服务。

左下象限是平台运营商。这是很多互联网＋新兴企业选择的商业模式，这类企业往往同时连接两个或者更多群体，通过为多方参与者提供互动机制，满足各方需求，巧妙实现盈利。它们往往对于具体业务参与不深，角色更多类似于撮合者，但能够利用规模效应和网络效应，形成强大的双边乃至多边市场。

左上象限是生态圈领导者。按照商业生态系统理论，企业需要打破"单赢"竞争观念，与其他企业共同发展，形成相互依赖的竞争系统。生态圈领导企业在对跨组织流程和逻辑进行梳理之后，能够完善利益分配规则，构建有弹性的伙伴关系体系。这就要求领导企业动态重构业务边界，强化全球供应链控制能力，同时具备适应业务逻辑变化、对需求拉动进行快速反应的一体化供应链能力。

无论企业是起始于右下象限的专家角色，还是左下象限的平台运营商角色，在向生态圈领导者进行升级进化的过程中，都需要强大的供应链能力支撑。

海尔从一家传统白色家电厂商起步，通过供应链再造和商业模式创新，脱胎换骨，打造了一个整合全球电子创意开发者、模块制造商、资源提供方和海量用户的电器生态圈。韩都衣舍从一个服装品牌的网络经销商起步，通过供应链再造和商业模式创新，破茧化蝶，打造了一个孵化快时尚服装品牌的生态圈。虽然并非所有企业都以成为生态圈领导者为目标，但商业模式创新终将在供应链再造的主推之下，朝生态圈共生共荣的方向不断演化。企业在为用户提供更多价值的过程中，也将不断迸发出新的价值。

第七章
供应链与商业模式创新

> 如何定义商业模式？
> 商业模式的核心要素是什么？
> 流程创新如何推动商业模式创新？
> 基于生态圈的商业模式需要哪些核心能力？它们如何发挥作用？
> "供应链即服务"的商业模式，具有什么特点？
> 小米供应链能力助推下的商业模式创新，能够带来什么启示？

什么是商业模式？

面对愈演愈烈的经济波动，趋于白热化的市场竞争，以及越来越大的成本压力，企业决策者需要不断寻找新的方向，维持企业的可持续发展。对于一家立志于持续发展的企业来说，通过流程变革和供应链再造实现商业模式创新，从而推动转型升级，始终立于不败之地，是基业长青的必由之路。

商业模式这个概念在很多场合都会出现，那么，究竟什么是商业模式呢？

按照学术界的定义，商业模式是一种基于价值主张的设计过程，它既与资源、流程这些企业运营模式的设计元素有关，也包括与收入、成本等相关的盈利模式的设计，反映的是企业如何实现自己的价值主张，如何为利益相关者创造价值。换句话说，这家企业怎么运营、怎么赚钱，就是商业模式的内容。

了解了商业模式的概念之后，我们再来看商业模式的创新问题。对企业来说，这种创新意味着以全新的逻辑，为利益相关者创造和传递价值。它主要侧重于探索新的收入模式，确定新的顾客、供应商和合作伙伴。

如何理解商业模式创新呢？

首先，这是一种战略变革，相比一般的业务变革，如产品创新、渠道创新、品牌创新等，层次要更高一些，也具有更强的颠覆性。同时，这也是一种组织变革，公司内在的组织结构也必须做出相应的调整和改变。

显然，对于任何企业来说，商业模式创新都不是一件轻描淡写的小事，要实现成功的商业模式创新绝非易事。而这种创新一旦成功，就有可能为企业带来几何数级的快速成长，甚至使整个行业的面貌发生改变。当年，苹果公司在乔布斯领导下完成的二次重生，正是一场经典的商业创新实战，它不仅使得一度陷入困境的苹果公司起死回生，而且深刻改变了消费电子与IT行业，也深刻改变了我们的生活。

为了更加深刻地理解商业模式和商业模式创新，我们将商业模式涉及的各种要素去粗取精，归纳为最关键的九种要素，分别是价值主张、客户细分、渠道、客户关系、收入来源、关键资源、关键流程、关键合作商和成本结构。[①]这九种要素及其相互关系是商业模式的关键所在，也是商业模式创新的关键所在。

图 7-1 展示了这九种关键要素的概念，以及它们彼此之间的关系。

关键合作商	关键流程	价值主张	客户关系	客户细分
谁是你的关键合作伙伴——考虑战略联盟、合作竞争者、合资企业和关键供应商	哪些是你的关键流程——考虑产品开发、收入产生、订单完成、售后支持	什么是你的价值主张？为什么顾客要在你这里买东西？	与客户建立怎样的关系——获取、保留、交叉销售、向上推销	你面对哪个客户细分——大规模市场、缝隙市场、细分市场
	关键资源		渠道	
	什么是你的关键资源——实物资源、财政资源、智力、人力和信息资源		通向市场的渠道是什么？直接或间接，线下或线上？	
成本结构				收入来源
哪些是成本结构的主要驱动因素？以什么样的视角看待规模经济和范畴经济？固定成本能否转换为可变成本？				收入来源是什么——资产销售、使用费、订阅费、租赁费、申请许可、经纪人、广告

图 7-1 商业模式九要素

资料来源：A. Osterwalder, Y. Pigneur. Business Model Generation[M]. John Wiley & Sons, 2010。

商业模式的九个关键要素之间也存在互动关系，图 7-2 展示了它们之间的排序，包括不同要素的连接。

前面所示的商业模式九要素，能够帮助企业家或企业运营者更加清晰地梳理和分析下列问题。

第一，目标客户群体是谁？针对不同群体的价值主张是什

[①] A. Osterwalder, Y. Pigneur. Business Model Generation[M]. John Wiley & Sons, 2010.

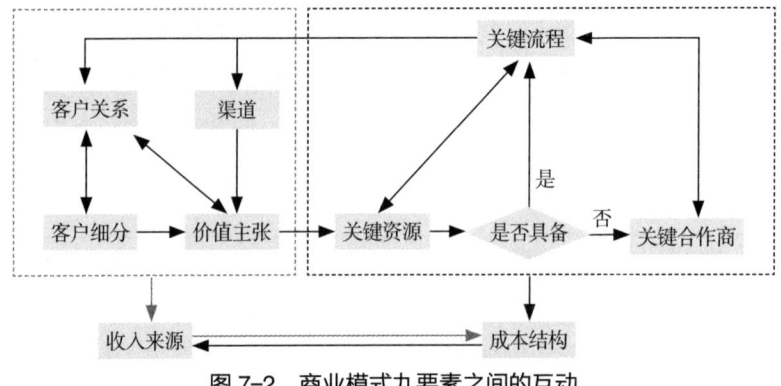

图 7-2　商业模式九要素之间的互动

么？对一家企业来说，好的价值主张是搭建商业模式的起点，它所回答的问题，是你的产品如何为客户解决问题、创造价值，客户为何选择你而非竞争对手。比如京东的"多、快、好、省"，强调能够给客户线上提供丰富选择、便捷配送、质量保障和价格低廉的商品，这就是一个很清晰的价值主张。

基于某些细分市场和细分客户提供独特的价值主张，是商业模式创新的重要立足点。企业能够针对细分市场和细分客户的实际痛点，通过产品和服务的组合，高效解决痛点，为客户创造价值。如果一家企业商业模式创新的结果是，其产品和服务对于任何客户来说都不比其竞争对手的更好，那么客户当然没有理由购买其产品和服务，这样的创新显然毫无用处。只有解决了这个问题，我们才能更好地面对下面的问题。

第二，通过什么渠道给每一个群体提供服务？如何管理客户关系？

第三，需要管理好哪些关键流程？需要具备哪些关键资源？

第四，需要与哪些伙伴合作以获取资源？如何设计合作模式？

第五，主要的收入来源是什么？主要成本结构又是怎样的？

第六，公司商业模式成功的最关键要素是什么？如何可以持续盈利？

对这些问题的分析和思考，不仅可以帮助企业家实时监测商业模式的健康状况和可持续性，还可以助推商业模式的创新方案设计——事实上，对九个关键要素中的任意一个或者几个实现创新或迭代，都可能带来商业模式的创新。

流程创新与商业模式创新

商业模式创新背后的功夫是什么？是供应链与服务流程的整合创新。为什么这么说？我们来仔细分析一下。

前文我们已经强调了价值主张的重要性。有了明确的价值主张，企业就知道应当提供什么样的产品和服务。问题在于，有了好的产品和服务，是不是就意味着成功手到擒来？并非如此。企业还需要认真研究，客户通过什么渠道才能有效获取这种产品和服务。互联网革命为很多产业带来了渠道的线上化，但并非所有的产品和服务都是适合线上渠道的。因此，企业还是不能偷懒，必须精心设计和选择渠道，从而获取客户。卓越的客户关系管理，维持与客户的密切联系，为客户提供购得产品和服务的手段，这些都需要流程。只有妥善设计流程，才能解决收入来源问题。

在收入来源问题之外，还有成本问题。这时候需要考虑的是，如果要推动一系列价值主张实现，要开展哪些关键性的生产经营活动，需要配置哪些资源，如何与合作者建立合作模式，这些同样需要流程。只有把流程搞清楚了，企业才能搞清楚成本结构，并在此基础上优化成本结构。

因此，对商业模式创新来说，无论是在收入一端的创新，还是在成本一端的创新，都需要对"关键流程"实现有效的优化和再造，这是催生全新价值主张、实现商业模式迭代的关键所在。

换句话说，"关键流程"的优化与再造，是促进商业模式创新的强大动力，正如图7-3所示。

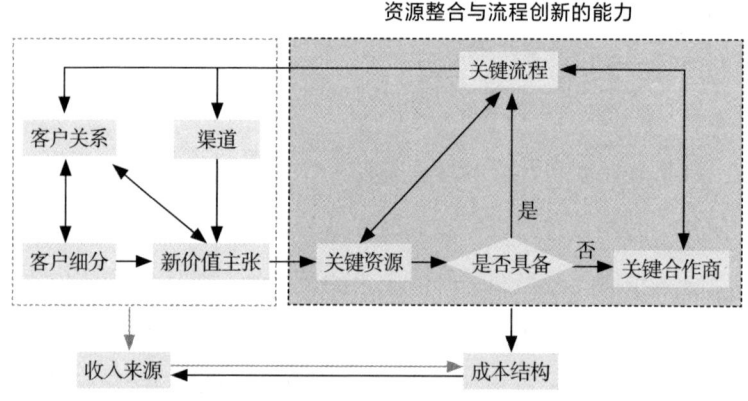

图7-3 流程创新与商业模式创新之间的关系

正如我们在本书前面部分所阐述的，"关键流程"的再造，正是供应链创新与再造所聚焦的问题。前文介绍的很多案例，其实也是通过供应链流程的再造支持商业模式创新落地的经典案例。

如韩都衣舍这一案例，它面对客户快速变化的需求，运用三人小组制解决了快速反应问题，利用网络平台和数据精准把握消费习惯变化，在内部设计和整合生产流程，在外部则迭代与供应商的合作流程，多管齐下，应对客户需求的不断变化。

在韩都衣舍通过供应链迭代成功打造敏捷供应链之后，很多传统服装品牌开始与其合作，希望利用其运营能力打开线上市场。就这样，韩都衣舍的商业模式在敏捷供应链的支持下得到了创新，其建立了互联网快时尚生态圈。

对于这些参与合作的传统品牌来说，它们的变化和改善体现在何处呢？如果想让自己的产品在网上热卖，光是解决网上营销的问题是不够的。它们也必须改变自己的后台供应链，与韩都衣舍的敏捷供应链相匹配，否则，整个供应链条的灵活性就无法体现了。

纵观通过互联网起家的各类商业模式，可以看出，如果企业的后端供应链能力没有改善，只是在前端用一个网络平台进行销售，这样的模式的成功概率几乎是零。

通过对商业模式九要素之间互动关系的分析，再加上韩都衣舍的实战案例，我们可以看到，供应链在企业商业模式创新的过程中发挥了不可替代的重要作用。具体地说，供应链整合可以帮助企业降低成本、缩短提前期、提升面对瞬息万变的市场和客户需求的反应速度；与其他伙伴展开供应链合作、向优秀同行学习供应链管理先进经验，可以帮助企业增强创新能力；此外，依托互联网的信息与通信技术创新为企业提供了对供应链流程进行整合、创新和再造的工具，帮助企业将供应链和网络资源更好地整合在一起。在这样的基础上，商业模式的创新才能够真正落地。

因此，对绝大多数企业来说，在转型升级的过程中，不仅要讲互联网+，也要讲供应链+。不能只是玩概念，而是要踏踏实实地从生产、配送等基础环节的流程梳理开始，实现流程再造和供应链迭代，然后在此基础上将自身的内部流程与供应商紧密相连，与客户深度联通。另外，还要对与关键合作商的合作关系做出科学决策——如何设计合作模式，如何将自身流程与合作商流程衔接，如何通过合作和共创实现任务与活动的有效分配，等等。除此之外，还要考虑如何通过数字化技术进行优化决策，如何实现供应链的数字化、智能化升级，等等。

总而言之，对商业模式创新来说，如果没有经历供应链流程的再造，没有对关键流程进行整合和创新，是很难真实落地的。即便暂时勉强落地，也很难将创新带来的竞争优势长久维持下去。

即使在互联网+的时代背景下，企业也不应该忽视供应链+的力量，要踏踏实实打造自己的卓越供应链，这样才能将商业模式创新建立在坚实的基础之上，从而让卓越的供应链管理与创新能力保障企业基业长青，成为企业可持续发展能力、广受认可的行业影响力背后的重要支撑。

如何建立基于生态圈的商业模式

在本书第六章，我们曾以供应链的视角对供应链管理的第四阶段，也就是供应链+生态圈阶段进行了阐述和分析。这种以供应链能力作为基础形成的生态圈，仅仅是生态圈类型的一种。下面，我们将从商业模式视角，对基于不同生态圈的各类商业模式进行全面、系统的分析。

生态圈的核心能力是什么？

和商业模式一样，生态圈也是当下企业界和学术界的一个热词。很多企业言必称生态圈。我们必须承认，企业和企业之间的竞争确实已经发展到了生态圈竞争的阶段，参与竞争的企业背后，是由生态圈关联起来的整个利益共同体。在这种情况下，生态圈在商业语境中的词频不断上升。

从概念上讲，商业语境中的生态圈可以定义为一种创新的协作网络。它的参与方包括组织或个人，各方通过协同提升各自的能力和角色价值，实现资源投入的匹配和一致性，从而创造附加价值、提高效率。在某种程度上，这和生物学和环境学意义上的各方共荣共存的生态圈系统有不少神似的地方。

不过，在商业实践中，虽然很多企业标榜自己专注于打造生态圈，但并非每一家企业都有建构和领导生态圈的能力。企业光是跑马圈地、借势造势是不够的，它们需要扎扎实实地精耕细作，还需要高瞻远瞩，建立战略思维，在商业模式发展路径中深度融入生态圈思维。

对于那些焚膏继晷、废寝忘食、有志于在生态圈的开拓和领导上有所作为的企业家来说，如何设计基于生态圈思维的商业模式呢？

通过收集整理、融合多位生态圈实际运营者的实战经验，我们发现，他们在设计商业模式的时候，常常会聚焦于下列问题，并陷入反复思考：生态圈究竟需要连接哪些参与者？为什么要和这些参与者连接？如何实现连接？连接完成之后，如何合理设计利益分配机制，才能形成多边网络效应，实现价值共创？生态圈的管理边界又在哪里？……

通过对于这些问题的分析和总结，我们发现，生态圈商业模式设计所依赖的各种能力，可以概括为四种关键能力，具体情况如下。

第一，连接能力。这个能力决定了什么样的参与者可以加入生态圈，以及以什么样的方式和其他参与者连接。生态圈的本质意味着存在众多能力各异的利益主体，它们彼此之间要产生连接和交互，而连接是交互的基础。对这一项能力来说，实战中最重要的基本功是对业务流程和逻辑进行梳理，由此形成连接的基础。

第二，组织协调与利益分配的能力。在实现连接之后，生态圈领导者的核心使命是，设计完善的合作机制与利益分配规则，利益计算精确到"分"都不为过，从而形成具有高度组织协调性又不至于过分束缚的商业伙伴关系。在此基础上，才有可能形成一个异质的、可嵌入的、利益共享且责任共担的生态圈系统。

第三，构建生态圈边界的能力。基于互联网平台的新型业务模式，并不是指由生态圈领导者来对大家进行指挥，包括指令参与者做什么、不做什么，而是由各类参与者围绕多元化资源体系自行组织价值共创活动。传统的上下游式强连接，越来越多地变为横向的、扁平的、松散耦合式的弱连接，生态圈的边界可以轻松实现迅速扩展。不过，这种扩展模式的变化，既意味着能够捕捉到更多机会，也意味着有可能面临更多风险，例如过度扩张、过快扩张，这样的失败案例比比皆是。这种情况下，生态圈领导者为了平衡机会和风险，必须具备动态重构市场范围、资产边界和组织结构的能力，要基于最佳平衡点，为生态圈构建一个最合理的边界。

第四，数字化技术应用与大数据优化能力。这一项能力比较特别，它能够为前面提到的三种能力有效赋能。具体地说，它可以帮助提高连接效率；帮助生态圈领导者更加高效地组织协同各类参与者，精准设计利益分配方式，优化合作和决策机制；还可以帮助生态圈领导者，对于生态圈边界的调整时机和调整力度，做出更加精确有效的判断。

在具备这四个方面的核心能力的情况下，企业才有可能将供应链管理推进到供应链＋生态圈的发展阶段，从而实现商业模式的升级。这种供应链＋生态圈的商业模式，有利于具有各种能力的合作伙伴聚集在一起，进行学习与创新；有利于充分增强灵活性，使合作伙伴能够根据客户、市场、技术等的变化，迅速调整活动，将生产经营效率保持在最佳阶段；有利于保持较低的资产投入，促进业务规模快速扩大，在激烈的市场竞争中"多、快、好、省"地争取竞争优势。

核心能力如何发挥作用？

下面，我们分别通过几个案例来直观了解一下，前述四种核心能力在基于生态圈的商业模式设计过程中如何发挥实际作用。

第一，关于连接能力，我们来看看海达源平台的案例。

海达源是海尔建立的采购平台，整合全球一流资源，具有线上、线下结合的特征。在建设过程中，它将海尔在模块化、供应商管理领域的多年管理模式和经验充分利用起来，汇集了三万多家供应商，进行普适化重构。它主要为大中型企业客户提供供应商资源协同、优化的解决方案。

海达源平台在连接能力方面具有很强的借鉴意义。在实战中，围绕供应商合作和连接，海尔设计了一系列的连接标准和连接流程，发挥了积极作用。

首先，在筛选标准上，海达源平台设计了"鼓风机模型"标准体系。这套标准体系要求，在整体实力方面，进入海达源的供应商必须是全球一流供应商。那些未能满足"用户最佳体验"需求的供应商，将通过绩效标准被自动过滤掉。在具体能力方面，供应商必须具备与用户的交互能力、模块供应品设计能力、交付能力、数字化能力和质量管控能力。

其次，在连接流程上，海达源开创了"六自"流程：自注册，自抢单，自交互，自交易，自交付，自优化。

具体地说，自注册是指有意愿进行合作的资源商在平台自行注册，进行自主承诺，然后平台人员会通过书面资料检查和抽查性质的现场实地检查，判断资源商做出的承诺是否真实。

自抢单是指所有订单由各个产业线的研发人员在海达源平台发布，然后供应商自行选择抢单。在这个环节，供应商深度参与设计，特别是针对新品订单。对于老品订单，供应商则是通过资源置换和集中机制，借助量价对赌优化成本，实现竞争力的提升。

自交互是指在抢单过程中，用户的需求传递到供应商有一个交互过程。用户开始表达的需求并不明确，可能只表现为一种描述，所以不一定是最终产品需要实现的需求。在与供应商交互的过程中，海尔的研发人员也会参与其中，并通过供应商设计的一些方案更加明确需求，进行修改，然后再形成方案，进行方案选择。这个交互过程，其实也是研发人员与供应商进行共创的过程。

自交易即结果公示，是指平台公开透明展示最终交易结果，所有供应商都能看到整个过程，也可以对整个过程进行监控。平台配有在线合同系统，经过在线签订合同，形成的API（应用程序接口）可供追踪新品牌的进程。

自交付是指在交付过程中，基于大数据，完成订单互联、质量检验，完成最后的实际交付。

自优化是指在订单完成交互之后，基于用户评价及大数据系统，进行可持续的自我优化与自我提升。

通过"六自"流程可以看出，在"如何连接"的问题上，海达源将重点放在了连接的方式、方法和效率上，致力于推动去中心化的自动连接，而不是通过自上而下的集中指令来实现。海达源平台的主要工作是建设灵活架构和友好界面，为供需双方提供线上聊天软件、数字合同等连接工具，促进了供需双方的精确匹配。

海尔聚焦供应端、需求端的流程，以及供需双方匹配的关键流程，下了真功夫、狠功夫去梳理流程，以此推动流程的模块化、标准化、自动化。在高水平流程再造与逻辑梳理的基础之上，海达源平台的参与者才有了各自发挥主观能动性的空间和条件，从而推动高效连接，完成价值共创，实现价值共享。

在这个过程中，海尔宛如一只致力于改善市场交易基础设施、为自主交易高效完成创造条件，并且对直接指令完成交易保持克制的努力而谦恭的"看不见的手"。

第二，关于组织协调与利益分配的能力，我们来看看腾讯开放平台生态圈的案例。

在建立和运营生态圈的过程中，利益分配是至关重要的，往往会决定生态圈能否走下去。对于基于生态圈的商业模式而言，它除了给目标客户创造价值，也需要给参与生态圈的伙伴创造价值，不是给某一个、某一类，而是给生态圈的各类参与者，如此生态圈才有可能保持可持续发展。

在实战中，腾讯开放平台生态圈提出了"让天下没有被埋没的才能"的服务理念，以吸引第三方软件开发者加入。

光有理念、口号也不行，这背后，是精心设计的阶梯式的利益分配机制，大体如下：

月收入 10 万元以下，所有收入归开发者；

月收入 10 万～100 万元，腾讯拿 30%，开发者拿 70%；

月收入 100 万～1 000 万元，腾讯和开发者各拿 50%。

这种阶梯式利益分配机制，有效吸引了中小开发商，而活跃的中小开发商推出更多富有创意的软件产品，又吸引了更多消费者，从而促进整个生态圈的繁荣，让参与生态圈变得更有吸引力，形成了商业模式的良性循环。

正如马化腾在 2011 年腾讯全球合作伙伴大会上的讲话："腾讯过去是想建立一站式在线生活平台，今天想把这个梦想推进一步，一起打造一个开放共享的互联网新生态。"他还说道："12 年前创业时，好像在种果树，关心的是有没有收成，能不能发出工资，当果树越来越多，成为果园时，关注的重点就变成这个地区的气候、病虫灾害等生态问题。"

可见，随着生态圈商业模式的落地，腾讯自身也实现了从"一家独大"到"开放共赢"的转变，其自身生态系统利益分配机制和发展逻辑，乃至企业的价值观都实现了同步进化。

第三，关于构建生态圈边界的能力，我们还是来看看海尔的案例。

进入21世纪之后，海尔在传统拳头产品白色家电领域开始面临越来越大的产业革新压力。面对这种压力，海尔敏锐地捕捉到：随着数字化技术的不断进步，人与产品之间、产品和产品之间的交互越来越密切；产品紧密贴合消费者的细节需求、情感需求和关爱需求，具有充分个性化、无限延伸性的特质。

在这种情况下，早在2016年，海尔掌舵人张瑞敏就提出了"网器"的概念，也提出了通过人机交互和分布式场景打造物联网时代智慧家庭的发展方向。

不过，这个方向涉及衣、食、住、行等方方面面，本身是包罗万象的。如何在拓展生态圈范围、捕捉更多机会的同时更好地控制风险呢？显然，这需要生态圈领导者具备卓越的动态重构市场范围、资产边界和组织结构的能力。

对此，海尔拿出了自己的方案——通过建立COSMOPlat工业互联网平台，在交互定制、开放创新、精准营销、模块采购、智能生产、智慧物流、智能服务等供应链多个节点，提供跨行业的赋能服务；并在赋能其他行业的同时，与自身产品"网器"的各个应用场景相融合。

例如，与自身的洗衣机产品相关联，海尔COSMOPlat赋能服装家纺领域、洗染行业和衣物物联技术行业，依托衣联网智慧家电和物联网技术，致力于为用户提供贯穿衣物洗、护、存、搭、购全生命周期的解决方案。

再如，与自身的冰箱产品相关联，海尔COSMOPlat为山东金乡大蒜示范基地、东港越光有机大米示范基地等农业项目赋能，将它们打造为海尔COSMOPlat国家孕婴绿色食品通道平台的供货基地，从而为用户提供原产地的高质量有机大蒜和大米。

通过这种平台赋能战略，海尔与这些非家电行业的企业跨界合作，既扩大了生态圈的范围，又通过弱连接，尽可能规避了跨行业整合面临的各种风险，并随着相关环节的动态发展，不断调整和平衡发展边界，成功实现了生态圈边界的有效构建。

第四，关于数字化技术应用与大数据优化能力，我们来看看苹果的案例。

对于苹果公司打造的产业生态圈而言，基于数据的决策优化能力也一直被视为核心竞争优势之一。它能够通过大数据积累，借助强大的数据分析能力，改善企业流程，优化供应链决策，创新供应链和商业模式，从而推动建立数字化生态圈战略目标的实现。

正如咨询公司Creative Strategies总裁蒂姆·巴贾林（Tim Bajarin）在一篇文章中表示的："苹果最不被人所知的就是其高度数据化的供应链和制造过程，而它们恰恰都是当今世界上最好的。"

供应链即服务

随着平台经济的兴起、制造业服务化转型的不断深入，很多产业、行业细分领域开始涌现出一种基于自身开放式的供应链能力为第三方企业提供服务的商业模式，我们将它总结概括为"供应链即服务"（supply chain as a service）。

这种商业模式类似于软件即服务（software as a service，SaaS）、平台即服务（platform as a service，PaaS）、基础设施即服务（infrastructure as a service，IaaS）的内在逻辑，企业将自身供应链能力视为一种行业解决方案，强调其工具性、可移植性、客户定制性、服务性及赋能性。

"供应链即服务"与制造业服务化

以"供应链即服务"为特征的商业模式创新，目前正在很多行业兴起。这一发展趋势的重要背景，是服务主导逻辑与制造业服务化趋势的不断强化。

按照传统的商品主导逻辑，企业主要靠出售商品获得收入和利润，实现价值创造。顾客心甘情愿掏钱，是在支付商品的对价。

但是，按照现代价值体系，是否真正实现了价值创造，要从顾客角度进行判断。企业提供的产品和服务，是否真的给顾客带来便利、解决痛点，是价值判断和衡量的标准，也是对价制定的依据。这是服务主导逻辑的出发点。按照这一逻辑，客户是最终价值评判者，只有服务才能为客户创造真正的价值，产品本身只是一个载体。这是制造业服务化的核心内涵。

什么是制造业服务化呢？它是指制造商从服务中建立收入流的过程。早期的制造业服务化先行者，主要是靠产品-服务连续体，比如依托于产品的售后和增值服务，推进服务化实施，逐步转变商业模式。但是，随着技术进步，越来越多的制造业服务化领军企业开始积极采用创新数字技术流程，扩展服务边界。

这种以数字化解决方案推进制造业服务化的发展方式，大大增加了解决方案本身的多样性、复杂性和相互依赖性，对基础设施升级、合作关系优化等提出了很高要求，也带来了巨大的潜在交易成本。所以，它必然要求制造商与合作伙伴之间建立高效合作网络、优化利益分配、实现价值共创，天然就有向生态圈发展的内在动能。

我们来看一个有关维谛技术的制造业服务化案例。

维谛技术在创业之初的定位，是数据中心关键组件供应商，主要商业模式是以提供 UPS（不间断电源）、空调、机架等产品获得收入，实现价值。通过制造业服务化的商业模式创新，它成长为数据中心"全生命周期服务"提供商，为数据中心提供包括设计、生产、建设、认证、运维、诊断和改造在内的综合服务。

维谛技术"全生命周期服务"体系内容如图 7-4 所示。

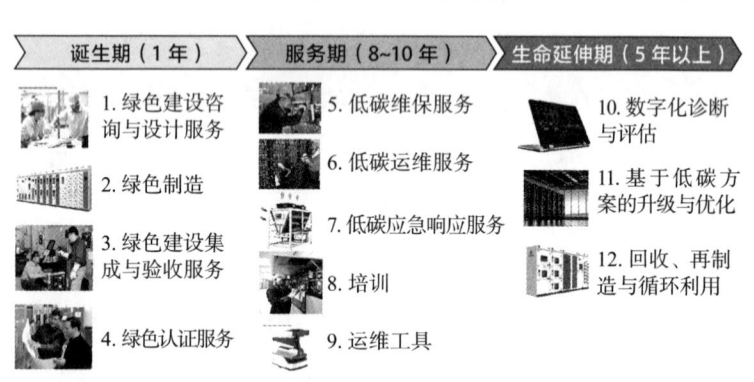

图 7-4 维谛技术"全生命周期服务"体系

维谛技术是如何完成这次转型的呢？

首先，它将自己在产品供应阶段积累的数字化能力，包括专业信息系统、数字化供应链管理能力等，拓展到服务环节；在由产品销售延伸出来的设计、生产、运维等环节实现服务创新，获得了诸如虚拟设计、乐高式搭建、预测性维护等的创新成果。

其次，它在各环节引入外部服务资源，设计合理高效的合作分成机制，不断扩展服务生态圈。以维谛技术的服务资源部署为例，它充分运用外部资源，形成了一个包括20 000+ 运维人员、1 500+ 工程人员、2 000+ 交付人员在内的外协团队，规模达到全职人员的数百倍。它通过优化回款系统等手段提高外部资源的黏性，通过制度流程标准化等手段提高外部资源服务质量，不断提升生态圈运行效率。

最后，它在整合生态圈的过程中，发掘降碳服务领域的商业机会，形成了全新的业务方向和竞争力。维谛技术整合清洁能源、绿色装备、能源综合管理、碳计算、碳认证等方面的合作资源，扩大服务生态圈，将降碳逐步打造为服务竞争力提升的全新来源，进一步扩展了企业的商业模式发展空间。

"供应链即服务"与产业互联网

前面所说的制造业服务化，主要针对的是传统制造业厂商或以提供制造业产品为主的销售企业。对于已经属于服务业范畴的企业而言，它们同样面临着供应链升级创新趋势驱动之下的商业模式创新。这一创新的背景，是产业互联网发展的不断深化。

近年来，在围绕产业展开服务的传统服务领域，产业互联网得到了蓬勃发展，这是"数字化+端到端整合"在产业链层面的体现，代表了"技术+资源"的服务创新方向，体现了数字化技术与互联网平台对于商业模式创新的推动力。

具体的创新实践主要集中于技术层面和资源层面。其中，技术层面主要是通过各类软硬件技术，构建跨组织厂房、设备与系统的"数字孪生"，实现传统服务的数字化，典型企业包括树根互联、赛意信息、汇川技术、卡奥斯等。资源层面主要是通过整合供应链特定环节中的多方资源和能力，实现传统服务的集成化，典型企业包括中农网、震坤行、浩方集团、卡奥斯等。

下面我们就这两个层面，各介绍一个典型案例。

在技术层面，树根互联是发挥产业互联网价值、推动商业模式转型的范例。它基于"根云平台"这样一个通用型工业互联网平台，与不同行业的龙头企业和产业链整合者合作，帮助合作者实现业务和产业的数字化转型，即"P2P2B"（个体对个体对企业）。

通过树根互联"P2P2B"的赋能，千鸟互联成为纸包装产业链的数字化交易服务商，在供应链创新升级的支撑下，实现了商业模式的脱胎换骨（见图7-5）。

在资源层面，中农网的产业链综合服务平台，提供了一个借助数字化技术整合各类资源，实现全过程集成服务的良好范例。这一平台通过整合产业链上下游的各类资源，在交易环节、交付环节、金融服务环节深化应用数字化技术，为产业链上下游的生产者、加工企业、供应商、B端客户、C端客户等，提供了包括交易、信息、结算、金融、物流等环节在内的全流程解决方案。

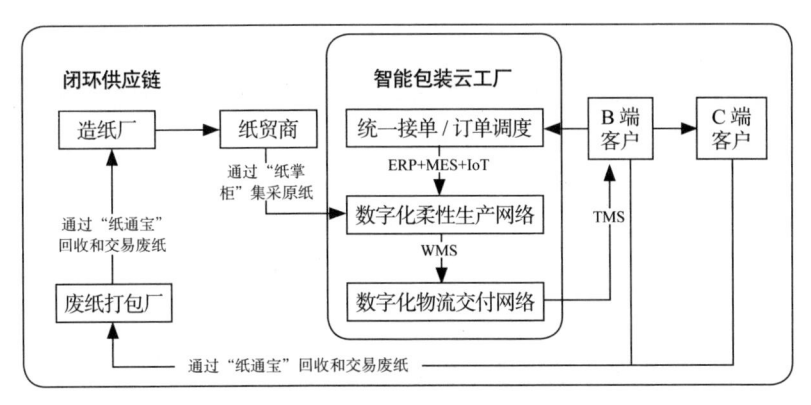

图 7-5　树根互联为千鸟互联打造的全新商业模式

注：MES 为制造执行系统，IoT 为物联网，WMS 为仓库管理系统，TMS 为运输管理系统。

以生猪养殖为例，中农网平台深耕这一细分产业链，通过"AIoT（人工智能物联网）+区块链"等科技手段，加上产业、金融等多方资源深度融合，有效帮助养殖户提升效率，解决融资难点，推动了产业链各个环节的高效运转（见图 7-6）。

总的来说，在制造业服务化发展和产业互联网不断扩展的趋势下，传统制造业生产商和服务商都迎来了商业模式创新的机会。

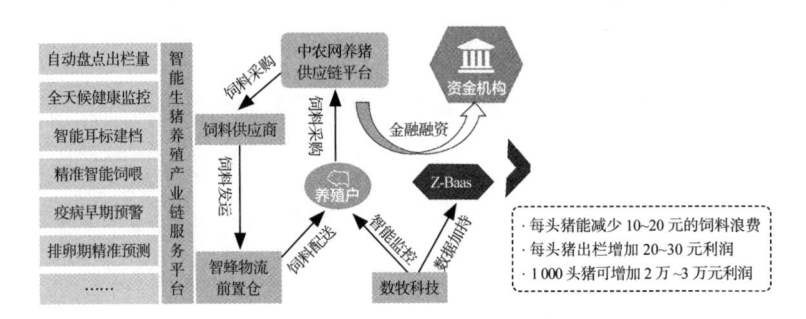

图 7-6　中农网智能生猪养殖产业链服务平台

注：Z-Baas 为区块链云服务平台产品。

第七章　供应链与商业模式创新　　169

其中，卓越的供应链能力、有效回应产业发展痛点的供应链创新，是助推传统制造业生产商向服务商升级、传统服务商向具有生态圈整合能力的先进服务商升级的重要动力，在一定程度上，这也是它们向客户和产业链合作伙伴提供的服务价值本身。从这个意义上说，"供应链即服务"堪称商业模式创新的精髓与灵魂。

"供应链即服务"的行业范例与经验总结

下面，是不同行业实践"供应链即服务"的范例。

智能制造及互联工厂服务：打通从产品创意到销售的全流程，连接个性化订单与互联工厂、模块部件供应商，实现智能制造与"千人千面"的定制化、个性化生产，如海尔、红领等。

新零售/无界零售赋能服务：为线下零售店提供供应链全面赋能服务的平台，如京东等，以及连接农业、食品加工与餐饮服务的供应链服务平台，如永辉的"超级物种"等。

采购及贸易平台（B2B平台，即企业对企业的交易平台）：包括综合采购供应链平台，如易招标等；行业交易平台，如找钢网、广东省药品交易中心等。

第四方物流及相关技术服务：为生态圈参与者如第三方物流服务商提供运力管理系统、供需撮合匹配、货物追踪、路径优化等供应链技术工具包的支持，如易流科技、G7物联等。

产业集成供应链服务：提供产业级别的供应链整合服务，如为某个行业提供包括供应链金融、供应链管理、进出口贸易、代理采购分销、虚拟生产、国际国内物流等在内的供应链综合服务。

供应链金融服务：围绕整个供应链条上下游企业的资金流、物流和信息流，将单个企业的不可控风险转变为供应链整体可控风险，并将风险控制到最低水平的金融服务，如东煤交易在煤炭行业提供的供应链金融服务。

显然，要实现"供应链即服务"的商业模式，基于自身供应链能力，为行业提供解决方案，门槛是比较高的。对一家企业而言，究竟要具备什么样的供应链能力，才有可能往这个层次发展呢？

通过对一系列成功企业创新经验的总结分析，我认为，一家企业若想在这个方向上有所作为，必须至少创造四个条件。

第一，要深度理解和掌握供应链流程。这里所说的供应链，既包括以自我为中心的狭义供应链，也包括整个产业的广义供应网络。

第二，利用数字化工具做供应链整合与创新。通过运用不同技术工具对供应链流程进行有效的整合创新，提升整个产业供应网络的效率。

第三，要实现数据积累和应用。在运用技术工具对产业级别的供应链流程进行整合的过程中，会积累海量数据。必须通过数据应用，为供应链流程和相关决策的优化提供支撑。

第四，要建立平台架构。只有建立平台架构，才能吸引更多行业内及跨行业合作者参与。这些参与者往往具有双重身份，对于某些具体的供应链模块服务产品来说，他们是需求方，但是对于另外一些产品来说，他们又是联合供给方。企业要帮助这些参与者通过信息化、自动化的接口嵌入整个供应链服务系统，既获得价值，又参与价值的供给和共创。

前述四个方面的条件相互作用，可以帮助生态圈领导者更好地吸引各方合作者参与，连接资源供需双方，对运作和决策进行协同和优化，从而实现生态圈的良性循环，从客户发展到客户的客户，从供应商延伸到供应商的供应商，进而在更大范围内实现更加精准高效的供需匹配，开展资源交换和价值共创活动，激发网络效应，使生态圈成为一个自觉自为的自组织的有机体，有效维持生态圈繁荣，如图 7-7 所示。

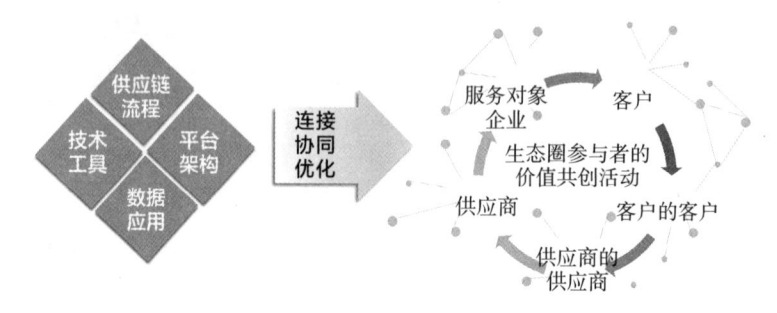

图 7-7 "供应链即服务"实现路径

供应链战略升级支撑商业模式创新的最佳实践

在本章的最后，让我们从供应链战略升级支撑商业模式创新的角度，再一次回顾和梳理小米的成长之路，并从中得到更多收获。

小米在初创阶段，就确立了比较清晰的价值主张——要让手机发烧友以较低价格玩到高配置的智能手机。这也是小米早期主打的 slogan（标语）"为发烧而生"所传递的价值导向。围绕这一主张，小米建立了初创阶段的商业模式，按照我们前面介绍的商业模式九要素模型，它具体如图 7-8 所示。

关键合作商	关键流程	价值主张	客户关系	客户细分
粉丝社群、芯片供应商、代工厂、投资人、移动运营商、社交媒体、其他电商平台等	软件开发、合同制造、粉丝社群的维护等	让手机发烧友以较低价格玩到高配置的智能手机	粉丝社群、共创，更多基于体验而非产品	购买能力较低但热爱最新科技，认为可玩性的重要性超过手机外观及通话质量的年轻用户群体
	关键资源 MIUI 软件团队、电商平台、粉丝社群、供应链支持等		**渠道** 自营电商平台，小米应用商店，社交媒体	
成本结构 轻资产为主，主要包括各类订单履行和人力成本，无硬件厂房等重资产投入				**收入来源** 硬件和软件收入，资本收入	

图 7-8 小米初创阶段的商业模式

这一商业模式的背后，是差异化供应链战略的有力支撑。与传统手机企业重视产品外观设计、生产设施与工艺、线下渠道铺货等环节的情况不同，小米将供应链打造的侧重点放在了与前端客户交互、软件开发与线上销售等环节，形成了富有特色的差异化供应链战略。

在主要措施方面，小米一是销售与客户服务全部在线上进行，用自营电商平台＋线上服务团队取代传统的多级线下渠道和售后维修点，同时通过用户口碑营销进一步降低成本，早期的营销支出仅为收入的 3.2%；二是在 MIUI（小米手机操作系统）上大力投入，让用户深度参与系统功能设计；三是在外观设计上使用行业公模，减少硬件研发投入；四是在产品策略上使用单品＋爆品策略，减少零部件的采购种类，同时增加每一种零部件的采购数量，从而降低采购成本；五是在生产上全部外包，一方面通过"公模设计＋大批量生产"提高生产的良品率和效率，另一方面尽量选择优质代工厂，进一步用效率摊低成本。

在成长过程中，小米不断拓展供应商资源，完善了包括数百家供应商在内的供应网络。它主要采取了两类供应商管理策略。一是与手机芯片等核心零部件的供应商建立战略合作关系，通过分析小米用户行为数据，帮助供应商改进后续产品设计，同时成立联合实验室，与供应商联合调试最新的芯片、材料、技术等，通过协同创新来获得供货优势。二是与许多中国本土供应商共同成长，提前布局产业链资源；投资、持股有潜力的供应商，建立联合产线或者联合工厂；在国内尽量实施分散采购，在提高供应链柔性的同时，让更多供应商得到成长；有意识地培养核心零部件本土供应商，以提高供应链韧性。

随着手机市场占有率的不断提升，小米开启了商业模式创新之路，提出了全新的价值主张，用互联网思维改造更多传统行业，提供高性价比的智能硬件产品，让除手机发烧友之外的更多用户以较低的价格感受到科技的乐趣。在全新商业模式下，小米在原有的手机品牌之外，全新打造了智能家庭品牌"米家"、新生活方式电商品牌"小米有品"。

为了支撑商业模式创新，小米的供应链战略迭代升级，在前期积累的供应链管理能力基础上，开始全面进入供应链＋生态圈的发展阶段。小米与合作伙伴之间的合作方式，从"自己干"变成"一起干"，即由小米输出产品价值观、方法论和供应链资源，建立一支"生态链企业"舰队。从2013年至2017年，小米的生态链和生态圈开始进入高速发展时期。

在生态圈的运行方式上，小米采取了一种供应链赋能生态圈的打法，通过独特的"投资+孵化"逻辑，帮助生态链企业（初创企业）全面提升供应链能力。

对于一家进入小米生态链的合作企业来说，它会得到什么样的赋能呢？

在产品研发与设计环节，小米工程师、产品经理将亲自指导产品定义与设计，目的是满足80%用户80%的需求。

在寻找供应商和代工厂环节，小米的供应链资源对生态链开放，小米将帮助生态链企业与供应商谈判，并提供集采等服务，实现链内资源互通有无。

在渠道和用户开拓环节，生态链企业的产品如果能通过小米的质量认证，就可以进驻小米有品官方商城，获得一般初创企业难以企及的流量优势。

在品牌推广环节，通过认证的产品可以贴牌生态链品牌"米家"进行销售。

在投融资环节，小米坚持打"投资+孵化"组合拳，同时坚持投资不控股，形成对其他VC的差异化优势。

这一系列卓有成效的供应链创新打法，有效支撑了小米生态链企业的快速扩张，为小米生态圈发展和商业模式升级提供了无可替代的支持。

在全新的供应链战略支持下，小米的商业模式实现了迭代升级，最终形成了全新的九要素体系，企业发展的空间也更加广阔。

第八章
供应链与数字化技术赋能

> 与供应链相关的数字化技术主要有哪些?
> 如何以供应链数字化推动企业数字化转型?
> 如何在供应链的不同环节应用数字化技术?
> 大数据技术对企业供应链创新和商业模式升级有何作用?
> 企业供应链数字化升级究竟应该如何操作?

大数据时代的数字化技术趋势

数字化是互联网、物联网、云计算、大数据分析、区块链等技术工具的综合应用,它已经开始从方方面面影响我们每一个人的生活方式。

如今,广泛应用数字化技术,释放大数据对于产业发展和企业转型升级的驱动力,已成为席卷全球的潮流。据统计,2023年全球市值最高的10家公司中,有7家(苹果、微软、谷歌、亚马逊、英伟达、脸书、台积电)属于数据驱动型公司(见表8-1)。

表 8-1　2023 年全球市值排名前十的公司

单位：10 亿美元

排名	公司	行业	市值	公开交易
1	苹果	科技	3 030.00	是
2	微软	科技	2 510.00	是
3	沙特阿美公司	油气	2 080.00	是
4	谷歌	科技	1 520.00	是
5	亚马逊	科技/零售	1 340.00	是
6	英伟达	科技	1 050.00	是
7	特斯拉	汽车	886.89	是
8	伯克希尔-哈撒韦公司	多元化	753.13	是
9	脸书	科技	733.11	是
10	台积电	科技	534.98	是

注：数据驱动型公司的判定标准来自 Data-Driven Transformation，BCG（波士顿咨询公司）2017 年 5 月。

资料来源：City Index。

与传统的规模驱动型公司相比，这类新兴的数据驱动型公司克服了"规模越大、离终端用户需求越远"的经典商业悖论。它们非常重视数据治理，擅长运用各类技术，通过分析用户形成多维度数据，从中洞察不同用户的差异化需求，由此驱动未来业务发展，这也反过来实现了"规模越大，数据越丰厚，离客户越近"。

同时，对于苹果、亚马逊这类从事实体产品研发、生产和流通的长链条企业，这种基于数据的用户需求分析，可以帮助它们在供应链不同环节形成商业智能，推动各个环节的供应链合作伙伴有的放矢地整合自身投入、提高运作效率。即便是远离终端用户的上游环节，也能在这种商业智能指导下，实现供应端与下游需求端的"远距离"精准匹配，在节约成本的同时提高对需求的响应速度，实现集规模优势和精准优势于一体。

一言以蔽之，数字化技术和大数据应用可以有效克服规模扩张、链条拉长形成的"大公司病"，推动全贴合、全匹配的上下游一体化的形成。

在数字化浪潮之下，即便是传统的规模驱动型公司，也纷纷开始尝试通过应用数字化技术推动转型升级。据SAP（思爱普）统计，90%的公司都认为数字经济将给其所在行业带来巨大颠覆，而它们的普遍做法是，尝试通过数字化试点项目，逐步建立全新竞争优势，以求跟上时代脚步。

以最典型的规模驱动型行业之一的制造业为例，麦肯锡2017年对美国、德国、日本、中国的400多家生产制造型企业进行了一次关于数字化转型的调研，结果显示，很多企业已经启动数字化转型试点项目。

如果对麦肯锡的调研结果做进一步深入分析，可以发现：

第一，被调研企业的数字化试点项目可以分为效率改善型和创新引领型两类。其中，前者主要是为了改善现有运营状况，通过数字化质量控制、绩效管理、实时收益优化、统计过程控制、远程监督等，达到提高运营效率、降低运营成本等目标。后者则旨在全面创新流程，拓展全新业务领域，采取供应链实时优化、人机交互、3D打印等具体措施。

第二，总体上，被调研企业的数字化生产试点还处于起步阶段，子行业试点项目比例均未超过四成，尚有很大提升空间。当然，从2017年到现在，数字化生产的覆盖面已经发生了进一步的变化。

第三，从当时的情况看，效率改善型试点项目的实施比例在28%~37%，略高于创新引领型试点项目22%~35%的分布比例，说明企业对基于现有架构的效率改善需求更为迫切。

第四，不同子行业在两类试点中的比例排名具有相似性。例如，设备工程及自动化行业，对于这两类试点项目的实施比例都是各个子行业中最高的，而汽车行业、批次化生产行业，其两类试点项目的实施比例则都相对较低。

当然，企业的数字化试点，乃至于更大规模的数字化转型，并非仅仅局限于生产制造型企业。从供应链的视角来看，生产制造只是供应链的一个环节。在一定程度上，建立在大数据基础之上的供应链数字化，是近年来供应链转型升级最为重要的发展趋势之一。数字化技术已日益成为推动不同行业供应链升级乃至于商业模式创新的重要动力。

那么，供应链数字化到底是什么呢？它并不仅仅是数字化技术在供应链上的应用，而且还代表了一种创新的供应链管理方法。具体地说，供应链数字化是以客户为中心，优先考虑价值创造，基于数据分析，通过数字平台运作，使包括供应商、制造商、分销商、服务商和消费者在内的各类供应链合作伙伴实现无缝交互，促进数据、材料和财务资源的高效协作和敏捷管理。它不仅意味着要采用最新数字化技术，要在生产经营过程中实现过程自动化、信息实时利用或自动生成，还在根本上要求将数字化思维、数字化方法与供应链目标紧密结合，采用数字化方法，实现现有资源和能力的潜在价值的充分释放，达到更高绩效水平，拓展企业发展空间，推动企业竞争力的全面提升。可以说，供应链数字化，是企业数字化转型的重要发力点。

对于企业经营者，特别是从事实体经济的经营者来说，如何改造传统供应链，以供应链数字化转型推动企业数字化转型呢？一般来说，可以分为以下四个步骤：

第一，供应链包含计划、采购、生产、交付、退货等核心环节，以及研发、营销、售后等各自独立又紧密联系的多个环节。它们通常由不同组织的不同部门负责。企业通过应用数字化手段，可以打通供应链不同环节，实现端到端的可视化，改进整体运行效率，及时解决各个环节出现的问题。

第二，供应链运作过程中会产生大量数据，通过数据分析和应用，企业不仅可以实现各个环节的流程改进，而且可以在更大范围内实现多个流程的集成决策优化，产生更多效益。

第三，基于数字化手段和大数据应用的流程改善与决策优化，往往可以驱动企业推进供应链流程创新，改进原有客户服务，乃至于拓展新的服务领域，发现新的价值主张，实现商业模式创新。

第四，随着供应链数字化程度的不断提高，企业与上下游伙伴的资源整合与信息共享能力越来越强，这也会吸引越来越多的企业加入合作体系，从上游到上游的上游，从下游到下游的下游，实现不断扩展。核心企业变"链"为"网"，依靠数字化技术赋能，更好地组织资源和提升能力，从而进一步降低运营成本，增强快速响应能力，提升个性化定制与价值创造能力，最终建立数字化的供应链＋生态圈。

那么，在企业经营实战之中，数字化技术对传统供应链的改造，究竟应该如何落地？下面将对此进行具体阐述。

技术赋能：打造卓越供应链能力

数字化技术如何实现对供应链的改造？让我们先来看一看有哪些数字化技术可以应用于供应链领域。一般来说，与供应链相关的比较常见的数字化技术，大体可以分成五类：

第一类，是以互联网为代表的信息与通信技术。

第二类，是以企业资源计划（ERP）、订单管理系统（OMS）、仓库管理系统（WMS）、运输管理系统（TMS）等为代表的信息系统，也包括近年来兴起的信息平台。第一类和第二类技术，是最基础的两类信息化技术；对各行各业而言，它们扮演了数字化基础设施的角色，也是供应链实现信息化升级的基石所在。

第三类，是以射频识别技术、追踪技术、传感器、云计算等为代表的物联网技术。这类技术通过数据采集和可视化建立软件与硬件之间的桥梁，实现"万物互联"，使供应链各个流程和不同维度的数据得以收集和利用。

第四类，是自动化装备技术，包括工业自动化设备、自动化仓储与分拣装备、货仓机器人、自动导引车（AGV）等。它们与供应链的智能生产、智慧物流等环节密切相关，它们的高效应用有助于直接提高供应链的运作效率和响应速度。

第五类，是与大数据相关的分析工具和方法，如机器学习以及当前流行的各类人工智能算法等。对于企业的供应链而言，这类技术的应用，可以有效改善运营状况、控制业务风险、优化供应链决策、改进或拓展客户服务等。

这五类数字化技术已经在各行各业供应链的不同环节中得到了程度不一的应用。总体来说，数字化技术在供应链中可以发挥的作用，主要可以概括为以下几个方面：推动生产环节的智能制造转型；拉近企业与用户的距离；提供覆盖供应链更多流程的整合与创新工具；整合不同组织资源；使信息实时、透明，提高合作伙伴间的信任度；为大数据挖掘和分析创造条件，帮助优化决策，提高资源利用率；支持商业模式创新及落地。

下面我们从研发、生产、物流、营销与客户服务等不同环节，集中分析一批具有借鉴意义的实战案例。

研发环节

数字化如何赋能研发环节？

以通力电梯（KONE）为例。电梯行业的传统做法，是以项目形式承接电梯方案设计。但是，这一做法至少存在两大缺点：一是设计者和最终使用者之间完全没有联系；二是电梯设计环节与使用过程脱节，运维人员需要在电梯投运之后定期检查电梯状态，处理临时性的电梯故障，维护成本相当高。

对于这些缺点，通力电梯的解决办法是，引入物联网＋云平台技术，以数字化赋能，实现产品设计与运作的全面优化。

具体的做法包括：第一，通过物联网＋云平台，大量收集客流数据与设备运行数据。第二，在积累海量数据的基础上，通过进行数据分析，使电梯方案设计者了解用户对电梯的最终实际使用情况，从而进行硬件优化与软件迭代，使设计更贴合用户需求。第三，通过数据分析，拓展出全新数字化服务，例如预测性维护服务。这种服务基于运行数据，能够有效预判电梯可能出现的问题，采取有针对性的提前维护策略，从而避免电梯故障，降低维护成本。

从效果上看，物联网＋云平台的数字化赋能让通力电梯减少了 50% 的研发时间，同时使客户满意度提高了 20%，还创造了新的业务机会，实现了多方共赢。

生产环节

生产是数字化供应链最重要的环节之一。在这个环节中，常见的数字化实践主要有两个方向。

第一个方向，是通过应用数字化的硬件与软件组合，促成生产环节不同部门、不同机构之间的高度整合与协同，在实现精益化生产的同时，提高生产对于市场的反应速度，以应对多种多样、瞬息万变的客户需求。

这个方向有一个非常典型的实战案例，就是半导体企业英飞凌（Infineon）。

英飞凌所在的半导体行业，生产工艺流程复杂，上下游协作方、参与方众多；同时，产品生命周期短，更新换代快，需求不确定性高且难以精确预测，导致供应链整合与协同的难度非常大。英飞凌端到端的制造流程周期约 120 天，该流程包括晶圆入库、芯片制造（细分为熔炉煅烧、植入、沉积、分档蚀刻、冷却等近

500 个制造步骤）、分类、装配（细分为锯割、芯片焊接、造型修剪等步骤）、测试、出库等环节，独立步骤合计约 1 000 个。供应链各环节均有众多代工厂和分包商参与，仅位于欧洲、美洲和亚洲的制造基地就有 20 余个。这还仅仅是生产环节，并不包括上游的晶圆供应商、下游的芯片最终客户等。

显然，英飞凌的供应链复杂程度极高，在这种情况下，唯有运用先进数字化技术，才有可能实现高效管理，提高整合和协同效率。在实战中，英飞凌采取了一系列基于先进数字化技术和大数据的供应链流程创新手段，包括多元化管理信息系统互联互通，涵盖从机器到工厂再到供应链各个环节的实时高效数据传输与可视化实时定位，囊括供应链各环节各参与方的多方计划管控协调，等等，帮助每一个独立步骤实现质速兼备，成功打造了计划可控、流程可视、敏捷度最大化、客户差异化需求响应能力最大化的生产体系。

第二个方向，是应用数字化手段，将传统的依靠经验做出决策的方式，迭代为智慧化决策系统，从而提升生产过程的决策质量与决策效率。与前一个方向相比，这个方向的升级改造，在一定程度上是"看不见、摸不着"的，很容易被人忽视。其实，它的作用非常大。

以石油开采行业为例，对于不同地域环境、气候条件和矿藏类型，开采石油的设备、方式、流程选择和组合决策，是非常复杂的，工程经验与工艺诀窍的分享交流也难以进行。业内传统的做法是，依靠当地富有经验的员工进行判断和决策，但这样效率很低，也很难有效控制风险、降低成本。

面对这一难题，伍德赛德石油公司（Woodside Petroleum）大胆运用人工智能技术，开发出一套工程运作决策系统 Woodside Willow。为了调配这套系统，伍德赛德石油公司耗费大量精力，将 30 余年来天然气井的勘测记录数字化，借助历史数据和机器学习，对 Woodside Willow 的决策模型进行反复训练。在实战过程中，Woodside Willow 会将项目具体的应用场景，首先在基准方案库中进行选择和匹配，然后基于实际的工作环境细节，对基准方案中的相应参数进行调整，从而提供决策方案。当操作员遇到问题时，Woodside Willow 则可以依靠其辅助系统，提供及时有效的帮助。它的辅助系统包括了 1 200 个可以参考借鉴的问题解决方案，并能通过大数据分析和机器学习持续优化，达到越用越准确的效果。

在 Woodside Willow 的决策支持下，伍德赛德石油公司在钻井流程中出现的问题减少了 60%，运作的连续性提高了 70%；在节省了大量成本的同时，也降低了对员工个人知识和经验的依赖。

物流环节

物流是数字化供应链的另外一个重要环节。物流本身具有服务属性，数字化技术在物流环节的应用，除了提高企业物流、第三方物流的运作效率之外，十分引人注目的价值还包括，它可以帮助物流企业拓展全新服务领域，追求新的商业机会。

以 G7 物联和易流科技为例，这是两家以车辆管理起家的物流服务提供商。一开始，它们应用的数字化技术比较简单，主要是通过 GPS（全球定位系统）、电子锁、门磁、油尺、甩挂终端等硬件和传感器，对人、车、货、仓的各类物理数据进行采集，借助信息系统实现数据可视化，以此达到对司机、车辆和货物进行安全监控的目标。

在此基础上，两家企业推进数字化技术的深化应用，以此拓展新的服务领域。比如，它们对物流运输过程和业务过程中积累的大数据进行分析，以此预测某辆货车未来某个时点最可能跑哪条线路、某条线路未来某个时点最可能有哪些运输需求等，从而向司机、车队及物流企业精准推荐业务信息。又比如，它们在不同运单类型、货品属性、出车地点、装车要求等多维度约束条件下，计算出最优的配载和调度方案，以此提高车辆载重和载积的综合利用率；对运输车辆的行驶路径进行优化，从而以更经济、高效的路径完成运输任务；甚至还可以借助数据资源进入供应链金融领域，为其他物流企业提供金融信贷方面的信用担保，促成物流企业、货主企业与金融机构之间完成借贷交易；等等。

在这些数字化技术的驱动下，两家企业的服务对象和领域，已经拓展至司机、车队、物流企业、货主企业、金融、保险、加油、车辆后市场服务等方面。除了向供应链金融等领域的下游延伸之外，它们甚至开始向供应链和产业链的上游进行持续延伸，利用自己的数据资源，支持货车生产企业优化发动机设计，乃至推动智能挂车、无人驾驶货车的研发，并反过来推动生产环节的创新迭代。[①]

罗宾逊全球物流公司（C. H. Robinson）则是通过数字化技

---

① 赵先德，钱文颖，王良. 易流科技：透明连接物流的探路者（A）[EB]. 中国工商管理国际案例库，2019，编号：OMS-19-626；赵先德，钱文颖，王良. 易流科技：透明连接物流的探路者（B）[EB]. 中国工商管理国际案例库，2019，编号：OMS-19-627.

术开拓全新商业模式的典范。作为无车承运商业模式的开拓者之一，罗宾逊自己不拥有运输资源，却能在全球范围内组织76 000辆货车的运力，为124 000名活跃客户提供各类运输服务。具体地说，客户将货运时间、货品数量发给罗宾逊，罗宾逊将客户需求组合发给货运企业；货运企业再将车辆信息、运线安排反馈给罗宾逊，后者再将物流解决方案发给客户，从而完成整个交易和运输过程。

这种创新商业模式背后的强大支撑，是罗宾逊的全球数字化技术系统。它主要包括面向货主企业的Navisphere、面向货运企业的Managed TMS两大技术平台，为商业模式的各个环节提供了支持和保障。

在撮合和匹配环节，通过技术平台，货主的定制化运输需求，包括价格、服务、车型、时限等方面需求，能够在基于人工智能的算法支持下，与运输资源实现精准匹配，生成性价比最高的备选方案，最终形成最优的运输执行计划。

在承运环节，货运企业通过EDI（电子数据交换）技术，向货主企业实时反馈货物状态；货主也可以根据各种组合条件进行查询，各相关方可以实现对运输全过程的轻松掌控。数字化平台还可以根据用户的需求，在预先设定的警示触发条件出现时，及时发出警报并通知指定的供应链相关方，如生产制造商、分销商、第三方仓储服务商等，进一步提高效率、节省成本、降低风险。

为了更好发挥数字化平台的功能，罗宾逊在全球各地设立技术主导型的分支机构和网点，为客户提供上门服务，它们如同神经末梢一般，实时联通罗宾逊的"大脑"——强大的数字化技术平台，让"大脑"所掌控的信息更加丰富，反应也更加敏捷、灵便。

营销和客户服务环节

营销和客户服务环节，也是很多企业实施供应链数字化转型的重要发力点。

营销方面，近年来，很多企业开始选择前端营销环节，通过应用虚拟现实、增强现实等互动技术，充分提升顾客体验。

例如，汽车销售的传统业态是实体展厅，而奥迪借助数字化技术，推出了用户体验感更加丰富的线上虚拟展厅。虚拟展厅不仅可以帮助用户遍览各类车型、材料、内外部装饰，还可以让用户体验虚拟驾驶。这样的数字化创新，既帮助奥迪节省了实体展厅的租金成本，又免去了顾客看车、试车的奔波之苦，提升了顾客体验。

与此同时，Zara、优衣库、Moda Polso等新零售服装企业，也通过基于增强现实技术的智能试衣镜，为顾客提供包括智能推荐服饰搭配、一键虚拟换装等在内的全新体验。通过智能试衣镜，顾客"试穿"一套衣服，在几秒钟内就能完成，因此，顾客可以随心所欲地体验各种衣服自由搭配的乐趣和便利。

客户服务方面，在大数据和人工智能技术的加持下，阿里、腾讯、京东、百度等科技公司，纷纷推出智能客服机器人，以此实现客户服务的数字化升级。以京东JIMI为例，它能够通过自然语言处理（NLP）系统和应答系统，实现不间断在线服务，并通过机器学习实现数据积累和知识储备，在服务顾客的过程中不断完善自我认知，提高应答质量，甚至达到接近真人客服的"以假乱真"效果。京东 JIMI 一天的咨询工作量，等于近 6 000 位人工客服的工作总量，客户满意度也超过了 80%，它大大节省了人工成本。

"端到端"数字化供应链与数字化的"供应链＋生态圈"

在运用数字化技术改造供应链各个环节的基础上，部分优秀企业走得更远，它们已经开始通过应用数字化技术组合，建立"端到端"的完整数字化供应链，甚至更进一步，推动"供应链＋生态圈"的数字化。

这方面一个非常典型的实战案例，就是前面我们提到过的海尔自主研发的智能制造云平台 COSMOPlat。

从数字化角度而言，这一平台的最大亮点之一，就是实现了对前文讲到的五类数字化技术的综合应用。它通过虚实结合、平台并联的独特方式构建数字化供应链体系，该体系包括设计、研发、采购、生产、物流、服务等供应链主要节点，以用户需求为中心，拉动整条供应链，为用户提供工业 4.0 时代的家电定制解决方案。

如图 8-1 所示，我们以其中的一些节点为例，来看看海尔是如何实现数字化技术赋能的。

在研发环节，通过社群平台、开放创新平台、物联网技术等，海尔对用户需求信息与历史使用数据进行收集，以此为基础，组织内外部设计师、研发人员和技术专家，将用户的定制化需求转

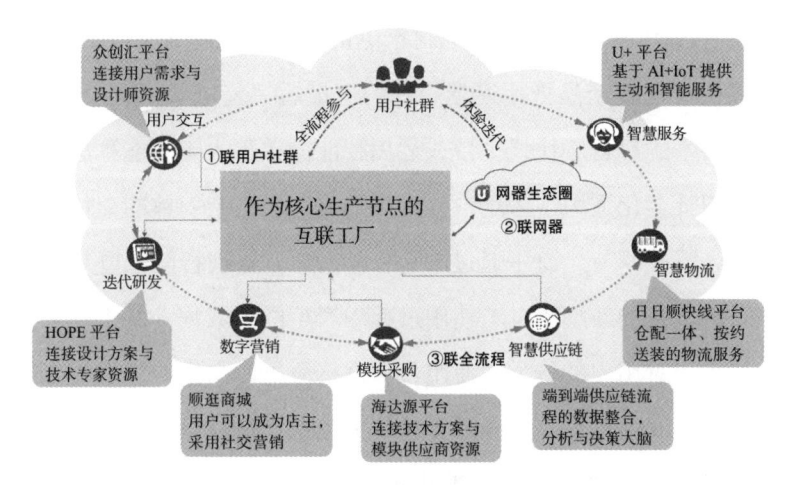

图 8-1　海尔 COSMOPlat 的端到端数字化供应链

化为实际产品方案。

在采购环节，海尔通过海达源平台汇集全球模块供应商资源，基于物联网和追溯技术建立评价体系，为从方案出台到实际产品落地这一过程提供保障。

在生产环节，海尔一方面通过装备自动化技术实现多种产品的总装混线生产，通过传感器、射频识别等技术改善工序衔接与设备联动，提高生产效率。另一方面，海尔通过对接管理信息系统、运用电子数据交换等技术，使用户订单可以直接进入制造执行系统，实现自动排产；将生产信息自动同步至各工序生产线以及相关模块供应商、物流等参与方，实现高效率并行工作；建立面向用户的友好交互界面，帮助用户通过各种终端设备，实时获取订单进程，了解产品在生产线上的进度和位置。

在物流交付环节，海尔一是通过自动导引车、堆垛机、输送机等自动化装备，显著提升物流操作效率；二是通过集成 WMS、

TMS、ERP 等系统，实现定制家电的出入库与运输环节的无缝衔接；三是在产品抵达终端用户的"最后一公里"，通过基于数字化技术的日日顺快线平台，运用智能派单等人工智能算法，有效组织社会化运力，为用户提供按约送达、送装一体的交付体验。

在服务环节，海尔通过 U+ 平台收集、整理智能家电（装有物联网设备的新型家电）使用过程中产生的大数据，基于人工智能算法，对用户的行为和使用习惯进行分析，向用户提供创新的个性化定制服务。与此同时，这些大数据还可以帮助海尔洞察更多潜在用户需求，进一步迭代现有产品，推动产品创新，形成"以终为始"的由用户需求持续驱动的家电定制闭环。

借助这条"端到端"数字化供应链的支持和帮助，海尔的产品实现了超过 70% 的不入库率和定制率，也就是说，超过 70% 的产品生产下线即可发往用户，不会形成库存，生产效率也提高了 60%。

海尔正在进一步探索更加前沿的商业模式。基于这种"端到端"的数字化供应能力，以及在供应链不同环节汇集的社会化资源，包括设计师、研发与技术专家、模块供应商、运力与服务资源，等等，海尔积极打造数字化的"供应链 + 生态圈"，将自己的能力和资源赋能更多传统制造行业；帮助不同行业的企业实现用户交互、集采、智能制造、客户服务等环节的迭代创新，从而实现转型升级。目前，海尔 COSMOPlat 平台已经广泛应用于建陶、农业、房车、模具、机械、服装等 10 余个行业，正在向数字化的"供应链 + 生态圈"方向稳步前进。

最后要补充说明的一点是，企业进行数字化供应链创新实践时需要注意，在各环节的数字化改造的基础上，重点是将分布于供应链不同环节，特别是组织之间的流程和数据打通，这才是实现供应链数字化的硬功夫。只有实现了供应链全流程的信息化和可视化，才有条件进一步集成、优化整条供应链，挖掘客户更深层次的需求，以及实现商业模式的转型升级。在这个过程中，企业需要根据不同阶段的目标，有针对性地投入相应类型的数字化技术；同时也要避免陷入"唯技术论"的误区，对于构建数字化供应链，数字化技术固然不可或缺，但也要和前面几章中讲到的管理层面的实践相结合才能发挥更大作用，只通过技术一个维度，是难以构建出高效运转的数字化供应链的。

大数据收集、整合与分析

在供应链数字化领域，大数据应用是其中一个比较热门的话题，对于企业应用数字化技术升级供应链进而推动商业模式创新的实践而言，它也有着特殊的重要意义，值得重点分析。在一定程度上，在用数字化技术对不同部门和企业、不同流程、不同社会完成连接的基础上，下一步的关键工作就是用好数据，从数据中解锁商业价值，为企业经营管理升级赋能。

需要注意的是，不同于"数据就是资产"的普遍认知，并非所有数据都能产生商业价值，在应用大数据技术改造传统供应链的过程中，要特别注意数据转化产生商业价值的过程，尤其是其中需要企业进行正确投入的重要节点。

数据收集环节

用大数据应用推动供应链升级，是从数据收集环节开始的。对企业来说，供应链的各个节点都是重要的数据来源。总体上看，前文列举的五类数字化技术，除了第五类与大数据相关的分析工具和方法之外，前面的四类技术，即信息与通信技术、信息系统、物联网和自动化装备技术在各自发挥作用、提升供应链运行效率的同时，也在时刻不停地产生不同特征、维度的数据，为大数据技术的应用提供源源不断的"燃料"。

从供应链管理的各主要环节来看，常见数据来源可以参考图 8-2。从这些数据本身的角度看，它们又可以大体划分为三个层面：

第一个层面，是基本属性层面的数据，如供应商、客户、合

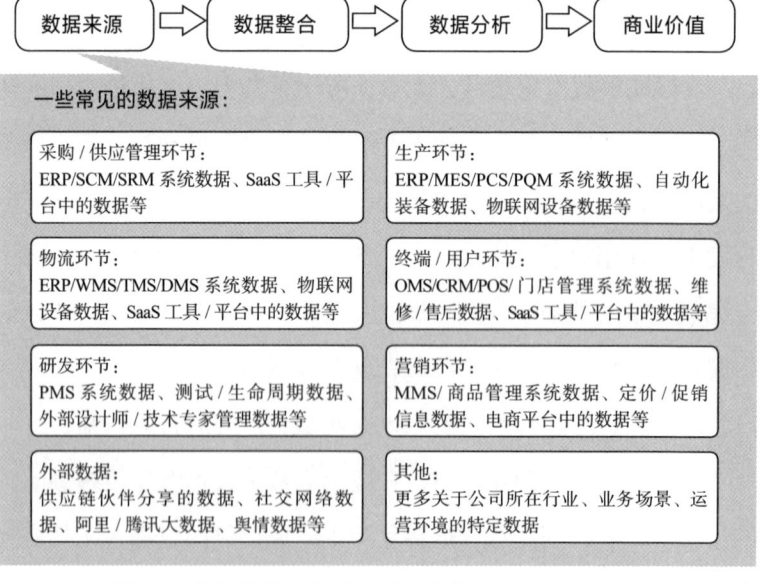

```
数据来源 => 数据整合 => 数据分析 => 商业价值
```

一些常见的数据来源：

采购/供应管理环节： ERP/SCM/SRM 系统数据、SaaS 工具/平台中的数据等	生产环节： ERP/MES/PCS/PQM 系统数据、自动化装备数据、物联网设备数据等
物流环节： ERP/WMS/TMS/DMS 系统数据、物联网设备数据、SaaS 工具/平台中的数据等	终端/用户环节： OMS/CRM/POS/门店管理系统数据、维修/售后数据、SaaS 工具/平台中的数据等
研发环节： PMS 系统数据、测试/生命周期数据、外部设计师/技术专家管理数据等	营销环节： MMS/商品管理系统数据、定价/促销信息数据、电商平台中的数据等
外部数据： 供应链伙伴分享的数据、社交网络数据、阿里/腾讯大数据、舆情数据等	其他： 更多关于公司所在行业、业务场景、运营环境的特定数据

图 8-2 数据收集、整合和分析框架与主要数据来源

作伙伴、设备、车辆等的基本信息等。

第二个层面，是交易层面的数据，如订单、生产任务单、仓单、运单等单据承载的信息，POS机、电商平台数据库等软硬件载体记录的销售数据等。

第三个层面，是物理层面的数据，也就是真正意义上的底层大数据，如生产线上的各类设备记录的生产运行数据，运输过程中对车辆和货物状态进行实时监控产生的数据，等等。

对于企业经营实战而言，就这些数据的收集和存储问题，我们有以下三点建议：

第一，如果成本许可，即便是数据的商业价值尚不明确，也可以考虑尽可能多维度地、完整地进行数据存储，以避免后期运用环节可能面临的数据缺失。

第二，在开始记录数据前，应该尽可能将记录数据的数据库和字段设计得周全一些；特别是对于跨流程和跨组织的数据，一定要在开始记录时进行充分沟通，尽可能周全地考虑可能出现的各类特殊情况，避免后续出现数据"拉不齐"的问题。

第三，对于颗粒度极细的数据，如前文描述的物理层面的数据，也应该妥善权衡数据颗粒度、数据记录管理成本与数据商业价值之间的关系，在满足当前使用需要、保持一定前瞻性的前提下，规避颗粒度过于细小的问题，实现成本的合理降低。

除了这三点建议之外，还有两个数据补充来源也是值得注意的。

一是所谓的外部数据。尤其值得注意的是，对于直接面对消费者的企业来说，诸如社交网络数据等外部数据，能够在很大程度上与传统的市场调研手段形成协同效应，帮助企业做出更加科学的决策。

二是公司所在行业、业务场景、运营环境等中不属于常见数据来源的特定信息和数据。相对于一般意义上的大数据来说，这些特定场景下的数据的绝对规模可能不算很大，但是，并非"只有大数据才有价值"。这些特定场景下的具有高度针对性的数据，即便达不到通常的大数据标准，但因为存在精准匹配性，所以它们对优化企业决策而言仍具有很大价值。

正如前文中伍德赛德石油公司案例所揭示的，特定情境之中，其实处处皆是数据源头，只不过很多时候企业经营者未能将它们完整记录，形成可供分析利用的数据资源。因此，企业应当树立"量化"意识，掌握"数据化"能力，将所在行业、业务场景、运营环境中的特定信息，随时转化为有价值的数据。

数据整合环节

数据整合是一项听起来简单，其实很有挑战性的工作。最典型的挑战之一，是如何保证数据的精度。很多时候，企业经营者会发现，虽然企业内部各个环节、企业与供应链伙伴都已经上线管理信息系统，也具备分享数据的意愿，但各个环节的实际数据却"对不上"。比如说，系统记录的数据与实际物料不相符，不同系统、不同来源的同一个数据不一致，等等。造成这种现象的原因有很多，包括传统供应链信息流传递不顺畅、部分中间在途状态数据记录被忽略、某些流程未完成标准化，这些均会导致数据标准不统一、数据未按规定流程及时录入等。在这种情况下，数据整合效果显然很难保证。

为了帮助企业扭转这种局面，我们提出以下建议：

第一，将数据整合与供应链协同结合起来，通过供应链协同创新的管理手段提高数据精度。比如说，在企业内部应用销售与运营计划（sales and operations planning，S&OP），在企业与上下游合作伙伴之间采取协同计划、预测与补货（collaborative planning forecasting and replenishment，CPFR）等手段。

第二，在数据整合环节采取特定的数字化技术结合方式，发挥技术手段作用，提高数据精度。比如说，成熟的电子数据交换技术、前沿的区块链技术等。以区块链技术为例，倘若供应链中的参与方能够上链、实现全程可追溯，那么类似于"实物在哪里、有多少，它们从哪里来，下一个时点要去哪里"这样的全流程数据，都可以得到全程追溯，并在不同节点中同步更新、保持一致。

需要注意的是，前述两点要想真正实现，企业管理者必须予以充分支持、亲自推动变革。即便在短期内存在难度，管理者也应该对数据整合保持正确认识——这并不是简单的、一蹴而就的事情，在成立和实施数据分析相关的项目时，要给数据整合留出足够的时间，不能急于求成。我们的项目经验表明，这甚至可能是整个项目最耗时间和精力的阶段，企业管理者要有足够的耐心。

数据分析环节

只有在高质量完成数据收集和整合的基础上，才能开展有效的数据分析。

一般来说，数据分析可以分为三个典型阶段。第一个阶段是事后分析（hindsight），主要是通过运用强大的统计分析工具，对历史数据进行汇总、统计和分析。第二个阶段是预测分析（foresight）。在这个阶段，随着数据量的增加和大数据分析能力的提高，对未来进行推测和预判成为可能。第三个阶段是洞察规律（insight）。在这个阶段，数据分析又上了一层楼，企业已经可以结合自身的业务特征和所在行业特征，对数据进行深层次分析，洞察数据背后的本质，进而改进决策。这三个循序渐进、不断提升的阶段，正是从数据到商业智能的演进过程。

对于供应链运作而言，数据分析具有非常重要的价值，其中之一，就是它可以用于改进和优化供应链不同环节的流程，帮助企业进行决策优化。

图 8-3 列示了比较常见的数据分析推动供应链决策优化的场景。

如图 8-3 所示，在研发与设计环节，企业可以从销售端收集用户相关数据，通过数据分析完成用户画像，精确掌握用户需求，驱动产品设计，使产品更新迭代，更能符合客户需要。与此同时，通过对用户数据的精细化分析，企业还可以推动基于某一类人群的定制化设计。

在采购环节，企业可以通过建立在数据分析基础之上的数字化采购，实现采购决策优化。例如，在面对一个产品由多个供应商供货的"一品多商"场景时，可以通过数据分析，利用模型对采购单分拆方案进行计算，以设计成本与现货率综合最优的采购

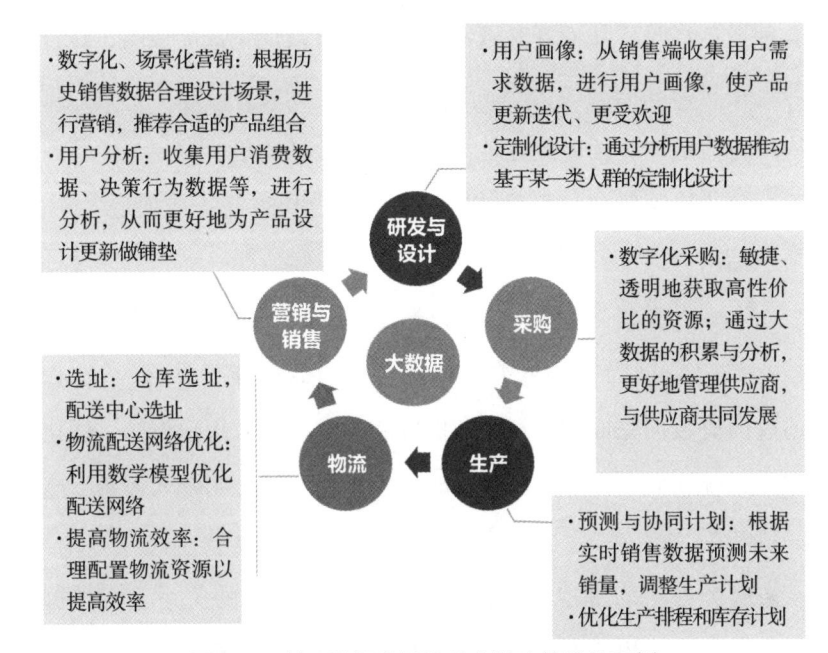

图 8-3　基于数据分析的供应链决策优化示例

组合；还可以通过大数据分析动态评估供应商的绩效，实现优胜劣汰，始终保持采购效率最优，同时保持与优质供应商的互利共赢、共同成长。

在生产环节，企业可以根据对实时销售数据进行分析，预测未来销量，调整生产计划，优化生产排程和库存计划。

在物流环节，企业可以通过数据分析，运筹优化模型，进行供应链网络规划，对仓库选址、配送中心选址、门店选址等各个环节进行优化；也可以更进一步，对实时需求和运力大数据进行综合分析，实现车货精准匹配、配送路径优化等，提高物流环节各类资源的配置效率。

在营销与销售环节，企业可以根据对历史销售数据的分析，合理设计场景，从而展开营销活动；也可以优化选品策略，设计兼顾销量与利润的最优产品组合；此外，深度分析用户消费数据、决策行为数据，还能更好地为新产品设计做铺垫。

前述决策优化场景具体应用的数据分析方法（或模型），主要包括两个大类：

第一大类是数据驱动类模型。它属于数据科学的研究范畴，核心是以数据为中心，关注点是"我的数据能干什么"，比如，通过历史数据完成用户画像和供应商画像、分析用户偏好、优化定价系统、撮合交易……常见的供应链决策优化问题大多属于这一范畴。

这类方法的基本思路，是对海量数据之间的关系进行挖掘。比如说，利用相关性分析工具判断两组数据是否相关，利用排序工具对数据的重要性进行排名，利用分类和聚类工具将数据进行分组，等等。相对而言，对这些关系背后的机制和规律进行挖掘，并不是这类方法关注的重点。也就是说，并不需要清楚地知道数据背后的故事，从数据本身就可以得到有价值的分析。这个逻辑有点儿类似于投资领域的技术分析流派，强调数据本身的价值。

近年来，随着各类大数据的不断积累，数据驱动类模型的受重视程度与日俱增，一些基于大数据量训练的人工智能算法，如机器学习、深度学习、神经网络等，也随之被奉为圭臬。这类方法对数据量和数据精度的要求较高，更适用于不了解变量间作用规律、依赖历史数据推测未来的场景。

第二大类是机理驱动类模型。它属于运筹学的研究范畴，核心是以问题为中心,关注点是"我需要优化什么问题"。诸如供应链网络规划、排程优化、装箱及路径优化等供应链决策优化问题,大多属于这一范畴。

这类方法的基本原理,是将各类真实应用场景中的管理问题,抽象为具备一定假设和约束条件的数学模型,通过模型的求解过程,为决策者提供有科学依据的最优方案。总体来看,这类方法需要对变量之间的作用机理具有一定了解,在此基础上运用数据来辅助分析,而非直接依赖数据推测未来。

在大数据技术出现之前,此类模型的求解一般通过计算机仿真实现,这和经营管理实践有一定差距。随着近年来各类大数据不断积累,大数据技术不断迭代升级,这一领域开始出现新的分支,即所谓的决策性分析。

决策性分析的关注点是"我如何用数据优化我的决策"。在某种程度上,它可以被视为数据科学和运筹学的结合。它采用大数据+人工智能算法,有效改善了传统运筹模型中的部分函数及参数估计,在很大程度上解决了与现实脱节问题,数据优化成果的实际可用性也得到了有效增强。

前面描述的各类方法,并没有绝对意义上的好坏之分。实战中的常态,是对各类方法进行综合利用,并不拘泥,也不设限。例如,以数据分析第二阶段典型的需求预测问题为例,在实战中常见的预测分析模型,既有属于数据驱动类的决策树法、人工神经网络(ANN)、支持向量机(SVM)等,也有属于机理驱动类的移动平均法、指数平滑法、季节指数法、自回归移动平均模型(ARMA model)及差分自回归移动平均模型(ARIMA model)、马尔可夫模型等。不同方法各有所长，它们的使用条件和数据要求也各不相同，我们需要根据具体使用场景和决策问题合理使用它们。

最后，我们提出一些关于大数据分析的实战建议：

第一，根据数据分析的三个典型阶段，在实战中，可以按照"事后分析、预测分析、洞察规律"的发展路径，逐步强化数据分析能力。首先，掌握对历史数据进行汇总、统计和分析的能力，明白过去都发生了什么；其次，随着数据量的增加，提高基于大数据的预测能力，知道将来要发生什么；最后，进一步结合数据分析结果与自身行业特点，进行深层次的情报分析，洞察数据背后的本质，知道未来将面临不同的情况，都应该做些什么，从而实现所谓的商业智能。

第二，问题大于模型，模型大于算法。具体地说，就是不要过于追求所谓"高大上"的模型和算法，最重要的是正确提出决策优化问题，能将复杂的供应链管理问题拆分成若干清晰、明确的决策问题，融合数据驱动与机理驱动等不同方法，有效解决实际问题，改进企业供应链运行，提升整体竞争力，绝不要为模型而模型、为算法而算法。

第三，对于大数据分析能力相对较弱的企业而言，在资源和人才不足的情况下，一个较为务实的选择，是加强与高校研究团队等外脑的产学研合作。依靠外脑支持，从科学角度清晰界定和拆分需要解决的问题，为具有不同科学特征的问题开发有针对性的模型和算法；有效规避简单套用他人方法、缺乏有针对性的改善，或是出现方法选择错误等不利情况。

探索数字化转型升级之路

数字化技术是支持供应链迭代升级的重要工具。那么，对于处于供应链发展不同阶段的企业来说，究竟如何实现数字化转型升级呢？

图 8-4 展示了供应链不同发展阶段所对应的数字化技术应用特点。

如图 8-4 所示，企业在供应链的不同发展阶段，对数字化技术的需求存在很大差别。

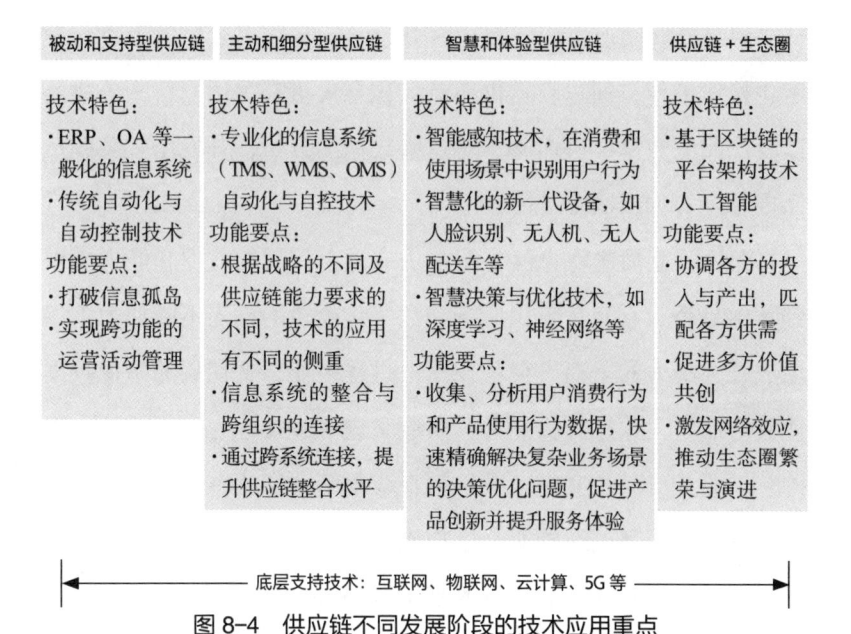

被动和支持型供应链	主动和细分型供应链	智慧和体验型供应链	供应链+生态圈
技术特色： ·ERP、OA 等一般化的信息系统 ·传统自动化与自动控制技术 功能要点： ·打破信息孤岛 ·实现跨功能的运营活动管理	技术特色： ·专业化的信息系统（TMS、WMS、OMS）自动化与自控技术 功能要点： ·根据战略的不同及供应链能力要求的不同，技术的应用有不同的侧重 ·信息系统的整合与跨组织的连接 ·通过跨系统连接，提升供应链整合水平	技术特色： ·智能感知技术，在消费和使用场景中识别用户行为 ·智慧化的新一代设备，如人脸识别、无人机、无人配送车等 ·智慧决策与优化技术，如深度学习、神经网络等 功能要点： ·收集、分析用户消费行为和产品使用行为数据，快速精准解决复杂业务场景的决策优化问题，促进产品创新并提升服务体验	技术特色： ·基于区块链的平台架构技术 ·人工智能 功能要点： ·协调各方的投入与产出，匹配各方供需 ·促进多方价值共创 ·激发网络效应，推动生态圈繁荣与演进

←──── 底层支持技术：互联网、物联网、云计算、5G 等 ────→

图 8-4 供应链不同发展阶段的技术应用重点

具体地说，在被动和支持型供应链阶段，企业所需的技术功能主要是实现跨功能的运营活动管理，打破信息孤岛。

在主动和细分型供应链阶段，企业需要进行信息系统整合，完成跨组织连接。

在智慧和体验型供应链阶段，企业需要的技术功能侧重于对用户信息进行收集、分析，帮助企业进行决策优化。

到了供应链+生态圈的阶段，企业需要的技术功能则是实现生态圈各参与方供需的精准匹配，协调各方资源，促进各方实现价值共创。

我们来看一下亚马逊的探索历程。这是一个通过数字化技术进行供应链创新，通过供应链创新支持商业模式创新，最终实现转型升级的经典实战案例。

亚马逊以网上书店起家，一开始，它在图书供应链上进行数字化精耕细作，通过自营供应链，积累大量有关用户行为、物流以及产品的数据，进而基于对这些数据的分析，开发出"关联产品推荐"等创新服务功能。

随后，亚马逊将自己在图书供应链上积累的数据和能力拓展到其他品类。它对自营供应链和数字化改造的投入不断加大，逐渐成长为最大的电商平台。在这一过程中亚马逊积累的海量数据，使其形成了大数据分析能力，而这又进一步转化为可以对外出售的全新服务产品。其中，既包括在线下结合实体供应链与数据分析所推出的闻名遐迩的亚马逊物流服务，也包括线上转型为云服务平台商、为其他企业提供的基于B2B的IT服务。

最后，在服务对象积累到一定程度、场景足够多元化之后，亚马逊基于物流网、人工智能等技术，推出相互连接的生态圈新服务业态，如智慧家庭等，最终形成了基于客户价值的完整生态圈。

纵观亚马逊商业模式的升级历程，可以看到，亚马逊的每一次升级，都是基于供应链能力提升和扩展而逐渐铺开，同时在供应链能力可以掌控的范围内逐渐加入新兴数字化技术，强化大数据分析能力，一层一层前后衔接、互为起承，最终实现商业模式的升级创新。这一过程可以参考图 8-5。

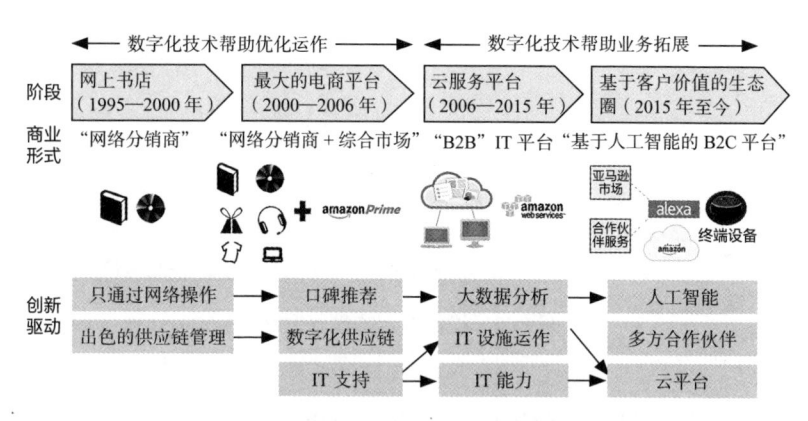

图 8-5 亚马逊的供应链创新与商业模式创新

农业设备制造和销售企业约翰迪尔，是另外一个典型的实战案例。

最开始，这家企业仅仅销售简单的农业设备。随着数字化浪潮袭来，它的销售范围扩展至智能产品设备，随后又富有创新性地将不同的设备互联组合起来进行销售。

在面向客户完成销售、进行售后服务的过程中，约翰迪尔通过收集客户信息积累了大量数据，这些数据反过来促使其开发新产品，并基于客户群体的不同需求优化产品组合，从而拓展更加庞大的产品系统。

后来，约翰迪尔将业务逻辑继续延伸扩大，在赖以起家的农用设备系统基础上，进一步扩展到天气数据系统、灌溉系统、种子优化管理等领域，最终形成了具备完整闭环的生态圈。约翰迪尔成功运营生态圈的基础，是它基于数字化技术的供应链能力。它的创新过程见图 8-6。

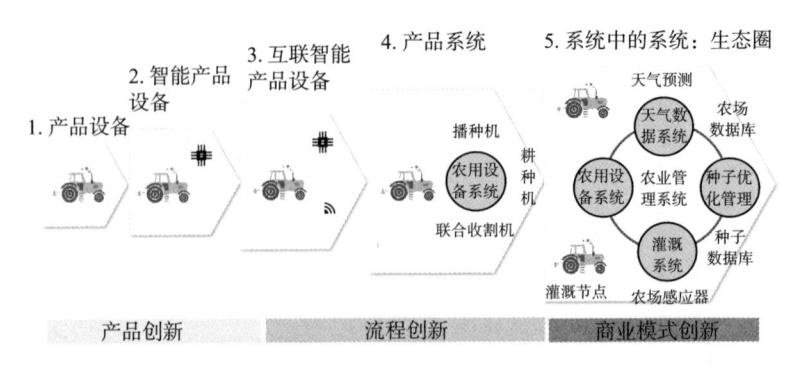

图 8-6　约翰迪尔的创新之路

基于各行各业的不同案例，我们可以将数字化供应链的转型升级过程总结概括为一条包含了三个阶段的升级路径。

首先，数字化技术帮助企业打通供应链不同环节的运营数据，增加供应链端到端的可视化、可追踪能力。

其次，在全流程实现数据信息透明的基础之上，企业不断改善流程和方法，将积累下来的数据用于提升质量与效率，这有助于供应链流程的改进创新，实现供应链决策优化。

最后，数字化再造，为客户创造新的价值，支持企业形成基于生态圈的全新商业模式。

这一升级路径可以参见图 8-7。

需要注意的是，这一升级之路不可能一蹴而就，需要企业持续努力。此外，还要注意一点，对数字化技术推动供应链升级进而实现商业模式升级的全过程而言，虽然技术本身是很重要的，

数字化
将所有的数据及运营流程数字化

数字化升级
通过数字化手段创造新的方法来提高质量和效率

数字化再造
数字化商业模式再造及为客户创造新的价值

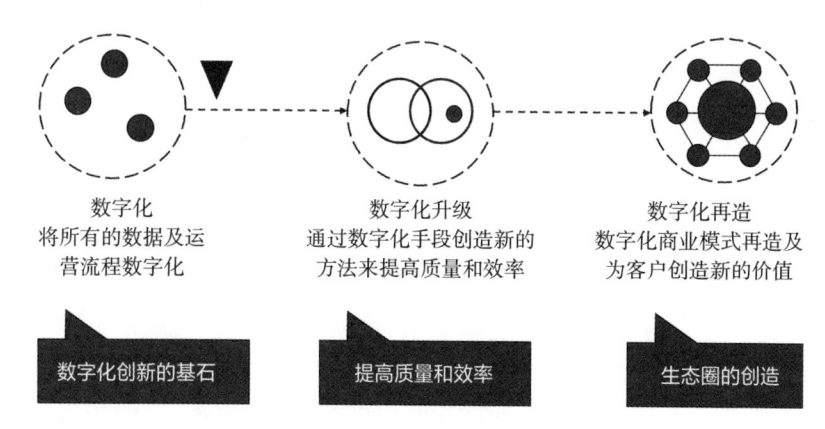

数字化创新的基石　　提高质量和效率　　生态圈的创造

图 8-7　数字化供应链转型升级的三阶段路径

但我们并不能因此而推崇唯技术论。在一定程度上，就成功实现供应链数字化转型而言，技术只是"资格要素"和必要条件，真正的"赢得要素"，还是供应链管理的知识和专精程度。

总体上看，技术应用需要与供应链能力的提升同步推进，其中的重要工作至少包括下列内容：制定明确的供应链战略，通过技术应用支持供应链战略；强化需求驱动思维，通过技术应用更好洞察内外部客户需求；重视供应链整合创新，通过技术应用促成与上下游伙伴的协同；充分进行流程分析，找出端到端之间的瓶颈或冗余环节，通过技术应用来促成流程优化；优化服务与商业模式设计，在此基础上，将技术作为落地的工具。

第九章
中国供应链创新的未来发展

> 要更好地发挥供应链转型升级对经济的推动作用,政府应当做什么?
> 企业如何才能更好地融入供应链创新潮流,实现商业模式创新?
> 当前的供应链人才培养存在什么问题?
> 要加速供应链人才培养、强化人才供给,高校、企业和专业组织应当做什么?
> 在通过供应链整合创新提高产业竞争力方面,中国应当怎么做?
> 如何建设新质供应链?

供应链创新与新质生产力

在地缘政治与贸易战形势日趋复杂、全球经济秩序深刻重构、中国经济进入新常态发展阶段的大背景下,随着互联网应用的不断深化、人工智能与数字技术的蓬勃发展,新一轮产业革命正在不断酝酿并催生出新经济与新业态。与此同时,伴随着经济增速放缓和发展方式转变,众多行业和企业也开始面对脱胎换骨的转型阵痛,甚至面临生死存亡的严峻考验。

在这百年未有之大变局下，如何把握住创造历史的跨越性机会？在把握机会的过程中，供应链转型升级将发挥什么样的重要作用？如何将蕴藏于供应链创新之中的力量，充分释放出来？

带着这些问题，本书的最后一章，将就进一步加速中国企业供应链创新，驱动商业模式创新与企业转型升级，以及推动中国经济高质量发展、培育新质生产力，进一步提升我国在全球产业链、供应链中的地位与影响力，提出一系列切合实际的建议。

这些建议主要分为：面向政府政策的建议，聚焦企业转型升级的建议，以及与供应链专业人才培养相关的建议。我们先来看看政府政策层面。

应当看到，近年来，党和国家对供应链给予了高度重视，出台了一系列促进供应链发展的政策文件，为推动中国供应链创新、实现跨越式发展注入了强大动力，也极大鼓舞了国内供应链管理从业者打造中国特色的卓越供应链、以强大供应链能力争取全球竞争优势的信心与决心。

2014年亚太经合组织（APEC）领导人非正式会议决定，实施全球价值链、供应链的领域合作倡议。2017年，党的十九大报告明确提出了"现代供应链"概念。同年，《国务院办公厅关于积极推进供应链创新与应用的指导意见》印发，该文件对供应链创新与应用设定了发展目标。在2017年实施的《国民经济行业分类》中，供应链管理服务在统计上成为一个独立行业。2022年，党的二十大报告进一步强调产业链供应链的重要性，强调要"着力提升产业链供应链韧性和安全水平"。2024年，党的二十届三中全会对进一步发展供应链，健全提升产业链供应链韧性和安全水平制度，做出了系统全面部署、强有力的政策引导与支持，为我国供应链创新发展提供了强大动能。

当前，中国加快发展新质生产力，扎实推进高质量发展，对进一步推动供应链升级创新，以供应链优化带动生产效率提升、助力生产力跃迁和质变，提出了更高要求。与此同时，国际地缘政治形势的风云变幻、国家间竞争态势的最新演化，要求进一步提升供应链安全水平，强化供应链韧性；"双碳"工作稳步推进、经济社会发展全面绿色转型持续升华，则要求加快建设绿色供应链，进一步发挥绿色供应链带动绿色发展的积极作用。供应链已成为党和国家政策关注的重要方面。

在这种情况下，我国要进一步支持供应链创新发展。本书在具体政策层面的建议，主要包括以下方面：

第一，政府要保持重视供应链发展、支持供应链创新的政策韧性，重视对企业和产业供应链能力的培育，将供应链发展纳入促进高质量发展和培育新质生产力的大局，予以通盘考虑，在产业政策、税收政策等方面给予供应链发展必要的倾斜性支持。

第二，在业已建立的诸多产业集群和高科技产业园区的基础上，政府应当有针对性地推动企业利用互联网平台和数字化技术，进行端到端的供应链整合；鼓励更多拥有制造资源的企业延伸自身角色，深耕产品研发，创建自主品牌，使产品及服务通过更高效的渠道抵达消费者；帮助企业更好地通过供应链思维接近最终用户，从而更好地发挥我国产业集群与制造资源的优势。

第三，政府应当大力支持流通型企业运用数字化技术，打造连接不同行业、不同交易环节的互联互通平台，建立基于供应链的产业生态圈；促进产业互联网和消费互联网的深度融合，实现B2B2C（企业对企业对消费者）的有效连接，为国内制造型企业连接不同国家和地区的消费者创造条件；支持制造型企业形成卓越供应链能力，发展跨境电商能力，开拓境外市场，为全球消费者提供产品和服务，在贸易摩擦日益激烈的情况下，形成全新竞争优势与市场进入能力；支持专业化跨境电商平台有效整合制造商资源，通过数字化供应链整合等手段，形成对境外市场需求的小批量、柔性、快速响应与低成本匹配，实现境内生产能力的境外输出；加大对中国企业"供应链出海"的政策支持力度，在资本跨境流动、金融支持等方面提供更多便利；鼓励中国企业与国外品牌制造商实现跨境整合，帮助国内消费者获得国际市场的高品质产品与服务，增强人民群众的获得感。

第四，政府应当鼓励符合条件的供应链服务商与金融机构合作，在严控系统性金融风险、有效隔绝产业风险与金融风险的前提下，利用现代数字技术，实现产融结合，打造供应链金融平台，为中小微企业金融提供必要的供应链信息与信用保障，从根本上解决中小微企业融资难问题。同时，政府可以在金融监管政策上进行通盘统筹，在风险可控的前提下，适度支持与实体产业供应链金融服务配套的资产证券化业务。

第五，建议政府在完善法律法规、优化监管政策机制的过程中，充分考虑区块链等数字化技术对传统供应链运作模式的重塑，为供应链创新、商业模式创新和企业转型升级提供必要的政策法规支持。

以供应链创新推动企业转型升级

在供应链创新推动企业转型升级方面，我们的建议主要包括以下内容。

重视与客户的互动，发展 PDA 能力

通过对众多案例的梳理分析，我们发现，对积极投身于供应链管理升级和创新的企业来说，无论是选择按部就班的发展路径、从供应链管理第一阶段逐步发展到第四阶段，还是从第三阶段的"智慧和体验型供应链"起步，回过头来夯实第一、二阶段的根基，它们在梳理供应链流程、引入技术工具和数据应用的过程中，最终形成的供应链能力，可以说都具备了"PDA"特征。

供应链领域的"PDA"，是指运用拉动式供应链（pull supply chain）以客户为中心、以客户需求驱动全链条的思维，通过数字化供应链（digital supply chain）手段，借助全链数据整合和数据驱动决策优化，最终实现敏捷供应链（agile supply chain）灵活配置资源、快速准确地响应需求的目标。

在这样一个完整的 PDA 过程中，拉动式供应链是基本思想。它意味着从商品主导逻辑向服务主导逻辑和客户中心逻辑的根本性转变。在当前体验经济大行其道的时代，与客户加强互动、紧抓客户痛点、提升客户体验、满足丰富多彩的个性化需求，是每一家企业的重要任务。只有在与客户实现有效互动、深度挖掘客户需求的基础上，企业才有能力探索大规模定制、C2M 等更具

竞争力的价值创造方式，并进一步发展更为灵活的供应链能力，从而为全新价值主张的落地提供支撑。

数字化供应链是PDA过程的必由之路。在前一章中，我们已经共同领略了数字化供应链的魅力，对其价值所在和实现过程有了一定了解。对企业来说，只有积极拥抱数字化供应链，拉动式供应链的客户中心理念才能真正落地，从而有助于优化各个环节的供应链决策，实现敏捷供应链的最终目标。

如果一个企业具备了PDA能力，它就不仅可以在自身原本的业务领域形成强劲竞争力，而且将进一步打开发展格局，拓展全新业务领域，它所拥有的供应链能力，将对供应链上下游的众多合作伙伴，乃至于伙伴的伙伴产生磁铁一般的强大吸引力。这里所说的PDA，可以是通过高度的供应链整合来实现定制化的供应链，如红领集团、尚品宅配、万事利，也可以是前端快速响应、后端资源整合、风险对冲，即敏捷型的供应链，如SHEIN。

以直接接触终端客户的零售业为例，客户中心逻辑和PDA能力可以通过不同的策略体现，具体包括：

一是"7-11"策略。这是连锁便利店企业7-11开创的一种模式，主要打法是积极接触客户，近距离观察客户需求，在将合适产品销售给客户的同时有效拉动供应链上游活动，甚至躬身入局，参与一些爆款产品的前端设计与开发。

二是深度定制策略。它主要是深度挖掘定制类产品，与供应链上游实现深度整合，通过数据分析帮助和引导上游了解最终客户需求，通过推出基于C2M的自主品牌等方式，更加精准地满足客户需求、赢得市场份额。

三是选品制胜策略。它主要是基于对供应链上游和下游的深刻理解，实现客户喜好与外部生产能力的精准匹配，帮助企业在市场中形成差异化竞争优势和品牌口碑。

四是大平台策略。这是一种基于综合性大平台或商城的打法，是通过线上线下融合的全渠道满足多样化客户需求。这种策略强调产品多样，注重薄利多销，需要基于数据对全渠道供应链与物流进行不断优化，企业核心能力主要体现在全渠道网络的优化与提质增效环节。

优势环节起步，努力打通全链

对于原本在供应链某个环节具备优势的企业，比如说，以粗放型大规模生产起家的制造型企业，可行的一种策略是逐步打通供应链完整链条，形成精益、高效、灵活的生产体系，实现端到端的整合，从而推动商业模式创新。

具体地说，第一，企业如果在供应链中扮演特定角色，拥有差异化的产品设计、工艺流程或专业服务能力，那么应当努力实现这些能力的模块化，提高与其他供应链协作者快速拼接整合的效率，从供应链的一个环节向更多环节开拓，以便更好、更深入地融入更宏大的商业系统，为供应链整合与效率提升创造条件。

第二，如果企业是细分领域的专家型企业，那么它可以尝试紧跟细分领域的技术创新，探索成为细分领域专业技术方案提供商的发展道路。比如，企业如果在物流领域积累深厚，具有突出优势，就可以考虑努力成为物流技术方案提供商，为其他企业提供物流领域的技术解决方案。

第三，企业如果自身已经具备一定的整合能力，就应当进一步关注端到端的整合，将垂直一体化作为发展目标。

第四，如果企业已经实现了某种程度的端到端的整合，则它应该在整合自身资源的同时整合外部资源，并基于敏捷供应链，吸引更多上下游合作伙伴，考虑向行业整合平台和生态圈方向发展。

例如我们在前文中多次提及的家电龙头企业海尔，其基于自身智能制造优势和对以用户为中心的全流程供应链的理解，打造COSMOPlat工业互联网平台这一全新商业模式，将自身的整合能力发展为更大范围内的竞争优势，最终形成了聚合供应链各环节内外部资源的制造业服务化平台。

重视生态圈，成为领导者

当今供应链的另外一个发展趋势，是从上下游紧密结合的供应链架构，日益发展为一种松散耦合型的供应链网络，或是平台型的供应链架构。面对这种趋势，企业需要更加专注于与外部合作伙伴共同打造生态圈系统，以此应对瞬息万变的市场环境，满足快速变化的客户需求。美国信息技术研究和分析公司Gartner在发布2019年全球供应链25强榜单时曾经强调，供应链的领导者应当"利用生态系统价值"，这被认为是供应链领导者在市场竞争中脱颖而出的一个关键性趋势。

如果一家企业要从供应链领导者成长为生态圈领导者，它就必须在多方合作机制、分成机制、治理机制的设计和运行上多下功夫，找到适合行业和自身特点的生态圈组织运转模式。

推进供应链出海，优化全球供应链布局，形成全新竞争优势

随着国际大环境变化、全球贸易与支付再平衡需求的日益迫切，以及中国成本优势在客观上的削弱，为了更好参与国际竞争，中国企业掀起了新一轮出海潮。其中，供应链出海成为焦点。

供应链出海的本质，是企业将出海与供应链战略相结合。具体地说，中国企业借助出海来使自身供应链战略更好地落地，在全球范围内对品牌、研发、设计、生产、交付、渠道、服务等多个环节进行优化，提高端到端供应链的竞争力。目前，中国企业常见的供应链出海模式，主要包括跨境电商型出海、产能外迁型出海、跨国敏捷整合型出海等几种模式。

尽管模式不同，但中国企业供应链出海中遇到的挑战具有一定共性，主要包括在海外建立品牌存在较大难度，产品定位不符合当地市场偏好，对目的地国家或地区的政治环境、营商环境、文化环境了解不足，在跨国产能部署、用工管理、生产经营协同等方面面临困难，等等。

对此，我们提出以下几点建议：

第一，要在战略层面将出海与供应链结合起来。企业不能只为了解决短期问题、追求短期利益而出海，应该基于长期发展的战略目标，有计划、有步骤地优化供应链全球布局，确保供应链各环节资源的有效分配和风险的合理控制，在国际市场建立可持续的竞争力。在这个过程中，除了考虑传统国际商务因素外，也需要考虑供应链的快速响应能力、品牌形象（及价值）和风险管理能力等多个维度。

第二，要用创新构建差异化的竞争优势。要在出海过程中培育新质生产力和差异化竞争力，避免将出海变成"低价内卷"在海外的低水平复制。企业的根本驱动力是创新，企业要以供应链创新实现人无我有、人有我优，为全球客户创造价值。具体做法上，要通过数字化技术的应用和供应链的关系管理，做好供应链端到端的整合、上下游的合作学习乃至商业模式的创新，特别是要更好地融合海外智力资本、研发设计等价值链高端环节的资源和能力，优化合作机制，在更大范围内实现价值共创、互利共赢。

第三，在具体的海外区位开拓过程中，链主企业要妥善利用供应链的两股力量。一是当地上下游伙伴。对于非核心零部件，特别是大的结构件，当地采购能够在很大程度上降低成本，当地代理商、经销商等下游伙伴，则是企业建立渠道和服务体系的好帮手。二是中国供应商，特别是关键供应商，链主企业要设计合作机制来促成其跟随自己"抱团出海"，降低供应链出海的不确定性，同时更好地平衡风险，避免对当地伙伴的过度依赖。

第四，要将供应链出海与数字化结合起来，充分运用数字化手段、数字化工具、数字化思维。数字化是企业在广阔空间内，跨越国境实现产能部署、生产协作、优化管理的有力手段，也是企业面对不同市场、更好了解和掌握客户需求、触达客户痛点、以客户中心思维不断优化供应链的强大武器。

培养供应链创新人才

目前，供应链发展创新已成为企业全方位提升竞争能力的重要载体；现代供应链也已上升到国家战略高度，日益受到重视与关注。无论是国家战略，还是企业策略，在实践落地层面，都需要素质过硬、数量充足的专业人才队伍作为支撑。然而，中国供应链专业人才却仍然处于短缺状态。对很多行业和企业来说，能够满足需求的供应链人才可谓凤毛麟角。人才问题已成为制约中国供应链发展创新的重要瓶颈因素。

本书最后一部分内容，将就此展开简要阐述，并提出了一系列可供参考的建议。

供应链人才所需的知识与技能条件

供应链从本质来说，是一个跨学科的体系。因此，供应链的管理者需要具备跨学科的知识系统。对不同行业的供应链来说，它们对知识和能力的要求存在差异。不过，在供应链发展的不同阶段，要求也各有侧重。

下面，我们参照前文介绍的供应链创新发展的四阶段框架，来看一看供应链人才在供应链各个发展阶段需要具备哪些重要的知识和技能，并针对这些知识和技能的获取途径提出建议。

第一阶段：被动和支持型供应链阶段

这个阶段，供应链在企业发展全局中的战略地位相对较低，重要性也不太突出。对企业而言，供应链管理的概念仍比较狭窄，主要是围绕计划、采购、生产、交付和配送等主要供应链环节，通过界定各环节范围、优化执行流程、设计绩效指标、设置钩稽关系等方式，形成供应链的完整架构，将复杂的任务变成可以清晰执行的流程，从而在实施层面提高运作效率。

在这个阶段，供应链管理者所需的专业知识和技能，主要围绕前述的工作内容。其来源相对比较明确，通过市场上一些与供应链相关的职业培训和认证即可获得。

其中比较知名的培训和认证包括美国生产与库存管理-供应链协会（APICS-SCC）的生产和库存管理认证（CPIM）、国际注册供应链管理师认证（CSCP）、物流运输与配送管理专业人士认证（CLTD）、供应链策略架构师专业认证（SCOR-P），美国供应管理协会（ISM）的供应管理专业人士认证（CPSM），供应链管理专业协会（CSCMP）的注册供应链管理师认证（SCPro™），等等。

前文这些提供培训和认证的专业组织，其核心能力和内容设计各有侧重，比如 ISM 长于采购，CSCMP 长于物流，APICS-SCC 长于综合性生产运营，等等。企业可以根据自身情况，进行灵活选择。

总体上看，在这个阶段，供应链人才所需的知识和技能主要是用于建立对供应链及其运作流程的标准化认知，偏重于执行层面，此阶段对供应链人才创造性思考的要求并不是很高。但是，目前很多国内企业即便是按照这一形成认识的标准，做得也并不到位，它们欠缺能够完成供应链完整架构的合格人才。一种常见的结果就是，将供应链的概念局限在采购、供应商管理、物流等局部环节，企业内部尚未形成对供应链的统一认识，各职能部门各自为战，在执行层面甚至会出现工作流程和绩效指标不断冲突的情况，更谈不上对端到端供应链实现统一计划和合理统筹了。

企业要解决这一阶段的问题，迈向供应链管理的下一阶段，就必须补上认知短板和人才短板。

第二阶段：主动和细分型供应链阶段

这一阶段，供应链管理开始在企业战略层面得到重视，被视为竞争战略得以落地的关键要素。随着供应链管理战略地位的提升，对供应链管理者的知识技能要求也水涨船高。

这一阶段的供应链人才在拥有前一阶段供应链基础知识的前提下，不仅需要建立根据不同产品和细分市场特征制定细分型供应链战略的能力，还需要掌握对不同供应链网络、流程及资源进行高效匹配的技能，唯有如此，才可能帮助所在企业建立独特的供应链能力。

这类知识和技能的一个典型来源，是美国生产与库存管理-供应链协会的战略供应链管理框架（M4SC）。该框架能够帮助供应链管理者（通常为企业高管）将业务战略转化为供应链层面的执行计划和政策，并围绕关键绩效驱动因素，搭建不同的细分供应链架构。

除了 M4SC 框架之外，也可以通过其他渠道获得这类知识和技能。需要注意的是，这个阶段的一个重点，是要加强供应链的战略设计能力，变"被动执行现有的供应链"为"主动规划新的细分供应链"。其中，供应链管理者需要学习关于"供应链规划与优化"的重点知识，目的是学会站在供应链整体设计的高度，掌握关于供应链网络规划、供应链产品流设计、供应链库存优化和风险优化等方面的专业技能。

除了供应链有关内容之外，这一阶段的知识和技能需求还包括与供应链相结合的其他学科知识，如战略管理、绩效管理、运筹学、组织行为学、领导力等。这一阶段的知识技能积累和人才培养，其最终目标是使供应链紧密围绕企业战略，成为竞争优势的重要来源，为供应链创新发展继续迈向下一阶段夯实基础。

第三阶段：智慧和体验型供应链阶段

在这一阶段，供应链管理者所需的知识和技能边界进一步拓展。其中一个主要的拓展方向，是供应链与信息管理、大数据分析等学科的交叉融合。供应链管理者需要掌握互联网平台相关知识技能，从而帮助企业触达终端用户，精准洞察用户需求；需要掌握配置与应用各类信息系统的能力，从而充分运用新兴技术，实现对供应链不同环节数据的有效采集；需要拥有数据分析能力，从而有效优化供应链不同环节中的决策，如通过用户数据分析来预测需求、优化品类、精准营销等。

总体来看，在这一阶段，大数据分析类技术已经成为推动供应链变革的核心要素。供应链人才在掌握此前两个阶段知识和技能的基础上，必须学习新的知识和技能，如数据库管理、数据挖掘、统计分析、建模及算法等核心课程等，最终形成对数据背后的规律和趋势进行洞察的能力，有效支持经营管理的前瞻性决策。

对企业来说，要获得满足需求的供应链人才，单纯通过组织学习培训已经不够了。一个有效的做法是，结合企业供应链运行实践，建立跨学科供应链管理团队，引入数据分析领域的专家对供应链运营提供支持，在这一过程中培养企业自己的复合型专业人才。

需要注意的是，在这个过程中最为宝贵的能力，并不是熟练掌握数据分析方法和工具的能力，而是将复杂的供应链管理实战难题拆解为若干决策优化问题的能力、吃透数据并对经营管理进行前瞻性判断的洞察能力，以及根据业务场景反向调整数据收集积累模型与分析框架的调适反馈能力。对任何企业来说，既拥有扎实的供应链专业知识又具备高度数据敏感性的复合型人才，是不可多得的宝贵财富，应当成为人才培养的重点方向。

第四阶段：供应链+生态圈阶段

在供应链+生态圈阶段，前三阶段积累的供应链管理知识和技能将会得到更加集成的运用，以应对层出不穷的供应链管理全新场景，解决前所未有的复杂问题。

比如说，在各个阶段都会遇到的供应链整合问题，在供应链发展进入供应链+生态圈阶段之后，随着上下游参与方数量的大幅增加、参与模式的多样化以及不断翻新，整合会变得更加复杂。面对这一情况，供应链管理者不仅需要充分掌握和运用基础知识，还需要拥有利用数字化平台和自动化工具提高供应链整合效率的专业能力，甚至还需要掌握帮助整合对象实施优化的实战技能。在这一阶段，对生态圈领导企业而言，它们所需的供应链人才需要掌握服务创新、供应链服务设计、商业模式及合作机制设计、风险管理等专业领域的知识和技能。

以供应链+生态圈阶段常见的供应链金融服务为例，对这一领域的专业人才来说，他们需要掌握的知识和技能的范围相当广阔，主要包括服务主导逻辑落地、产业链分析、B2B产业服务平台设计、供应链金融服务平台盈利模式设计、供应链金融产品设计、供应链金融与其他B2B服务协同、风控模型设计和监管手段构建、金融科技与智慧供应链金融应用等。

在供应链＋生态圈阶段，精通各相关领域且具备扎实的供应链专业知识的复合型人才，是企业人才培养的重点方向。就人才培养路径而言，与上一阶段类似，建立跨学科供应链管理团队，结合实战进行培养，仍是一种切实可行的方式。

加速供应链人才培养

在这里，我们针对高校、企业和专业组织，提出一系列关于适应当前形势、加速供应链人才培养的建议。

对于高校的建议

现阶段，高等院校仍是我国人才培养的主阵地。但是，具体到供应链领域，我国高校目前的管理教学与人才培养工作，客观而言是相对滞后的。

这背后主要有两个方面的原因：一方面，供应链是一门综合性、交叉性很强的学科，但目前国内很多高校的院系与专业设置相对落后，存在体系割裂的问题，往往局限于供应链的某一个或某几个环节，如物流管理、采购管理等，缺乏端到端的供应链全局性视野。另一方面，供应链是一门重视实战经验积累和成功案例总结的实践性学科，但很多院校的课程和教材仍然存在重理论、轻实践的倾向，与行业发展的实际需要存在一定差距。

在这种情况下，如何围绕现代供应链人才的培养需求重构课程体系和教学内容，创新人才培养模式，已成为我国高校供应链人才培养体系建设的核心痛点。2019 年，《教育部关于公布 2018 年度普通高等学校本科专业备案和审批结果的通知》印发，中央财经大学等 7 所高校获首批"供应链管理"新专业建设资格，标志着我国供应链高等教育改革的全新起步；相关院校的课程体系与教学内容，也进入了紧跟行业发展、不断优化提升的全新阶段。

展望未来，对于高校加速改进供应链人才培养，我提出下列建议：

第一，建议在教育部相关文件指导下，结合供应链自身跨界性强、泛在性强、实战性强等特点，对教材编写和教学内容设计持续进行深入改革。

改革的主要方向包含：一是加强供应链不同环节知识点之间的连贯性，打破课程割裂、各自为战的局面；二是加强理论与实践的结合，在教学实践环节，加强对于供应链多环节知识的综合运用，促进供应链知识与战略管理、信息系统与大数据分析、服务创新与设计等领域知识的跨界融合，打破书本理论与管理实战之间的藩篱。

第二，建议在教学方法上持续创新。

具体的思路如下：一是在课堂上积极引入先进教学方法，包括哈佛大学倡导的以参与者为中心的案例教学法，中欧国际工商学院首创的实境教学法、模拟游戏、模拟运营等创新教学法，等等。需要注意的是，在选择案例时，建议结合经典供应链管理案例与新时代的供应链管理场景，尽可能明确和突出需要进行决策的问题，通过探究问题，引导学生综合运用多个环节的供应链知识乃至于跨学科知识。二是走出课堂，进一步加强与实训基地、校友企业、校外合作企业的合作，帮助学生近距离感受企业运用供应链管理的思想、方法和理论的实战过程，从而更加有针对性地掌握岗位需求和技能要求，为就业打好基础。

第三，建议在考核形式上推陈出新，配合教材编写、教学内容设置、教学方法应用等方面的创新。

具体的创新方向，主要是减少需要"死记硬背"的传统闭卷考试比例，提高实际项目分析、课程大论文等考核方式所占比例；变知识点考核为知识运用能力的考核，从而更好地引导学生提高理论结合实际、知识应用于实际的能力，促进学生的综合素质有效提升。

对于企业的建议

企业是供应链人才最主要的需求方，也是培养造就人才的重要基地。企业如何结合实际需求，有效促进人才成长？我的建议是企业应加强与政府、高校在产学等领域的合作，更加积极地推动供应链人才的"定制化"培养。具体做法包括以下方面：

第一，在高校人才的联合培养方面，可以通过为高年级学生提供实习机会、向高校研究团队开放企业项目和课题等方式，加强与高校的合作关系，为学生培养提供直接帮助。借助这些手段，学生不仅可以提高解决供应链问题的实战能力，同时也可以深度了解企业的实际供应链场景，这可为优秀毕业生日后加入企业、"即插即用"上岗创造良好条件。有条件的企业，还可以更进一步，与政府和高校共建实验室，共同设计精准聚焦行业与企业需求的课程，甚至可以合办企业大学，实现产学深度合作的机制化、常态化，形成持续、稳定的人才培养与供给链条。

第二，在传统学历教育之外，校企合作还可以延伸至职业教育、技能培训等方面，推进智能教育共创。这符合目前国家大力倡导职业教育培训的政策导向，实践效果也是非常不错的。例如，海尔工业互联网平台COSMOPlat就专门推出了赋能职业教育行业的"行文智教"平台，旨在连接学校资源和海尔生态圈的企业需求，通过自身特色的互联工厂模式和人才建设体系，在系统分析互联工厂38类工种岗位及知识能力需求的基础上，帮助职业技术类院校学生增强针对细分工种岗位的实操能力。与此同时，海尔和生态圈合作企业借此获得了大量"即来即用"的"订单式"技能人才，企业人才的获得成本与培训成本得到了显著降低。

第三，在存量人才的素质提升方面，企业可以加强与高校的合作，以设立定制培训项目的形式选送供应链管理人员至高校进行系统培训，同时邀请高校专家到企业开展内训。

这方面有一个成功案例，那就是海尔与中欧国际工商学院的合作。一方面，海尔作为中欧国际工商学院的校外教研基地，与中欧国际工商学院共同设计实境教学课程，选派中高层供应链管理者参加中欧国际工商学院的实境教学课程。另一方面，中欧国际工商学院与海尔合作开发教学案例，将MBA（工商管理硕士）、EMBA（高级管理人员工商管理硕士）及高级管理人员的实境教学课程带到海尔，让学员实地考察海尔供应链创新场景，学习海尔在供应链创新前沿的最新探索和最佳实践。此外，海尔还以自身设立的海尔大学为依托，邀请中欧国际工商学院教授加入海尔大学的中基层管理者培训项目。

从这类合作模式的实际运行情况来看，企业管理人员，特别是中层和基层管理人员，通常在解决供应链特定环节问题方面具有较强的实操能力，但在供应链理论和整体知识体系方面有较多欠缺，在全局性思维和分析方法上也有提高余地。通过这类产学合作、校企共创，企业管理人员恰恰可以借助高校教育资源，有效弥补这些欠缺。

第四，在社会化人才的吸引方面，可以通过举办供应链相关竞赛、解决方案征集等方式，将企业面临的部分供应链实际管理问题，在敏感信息和数据脱敏前提下，以赛题形式向社会发布，在竞赛评比和方案征集过程中，物色和吸引人才。近年来，海尔、京东、阿里、顺丰等企业都已开始进行此类尝试，并取得了不错的效果。

第五，建议加强技术型供应链人才与管理型供应链人才的综合培养。一方面，这两类人才各有特点和侧重，企业可以通过加强校企合作、推进教育共创、完善企业全生命周期持续培养机制等方式，夯实两类人才基础；另一方面，要以企业供应链升级创新与应用的实际工作场景为依托，推进两类人才之间的互联互通与知识融合，鼓励供应链管理人员学习技术、供应链技术人员学习管理，打造适应新时代供应链发展创新的复合型专业人才。

对于专业组织的建议

作为供应链教育培训的重要补充力量，我们对专业组织，特别是权威的国际专业组织，也提出了关于进一步加强专业人才培养的建议，主要包括以下内容：

第一，建议提升现有培训及认证项目的本土化水平。在具体做法方面，一是可以将中国领先企业的最佳实践加入全球供应链管理知识体系，比如加入中国案例、中国经验丰富的 SCOR 模型中的最佳实践内容；二是可以在中国进行更加积极的合作、宣传、推广，让更多中国供应链管理者了解国际专业组织，并去积极获取全球权威认证。

第二，建议专业组织在教育培训对象上进行拓展，除了传统的企业供应链管理者外，大力开发针对在校学生的培训认证项目，与高校形成更好的协同，共同培养、造就具有理论素养、了解实际问题、符合企业需求的行业新鲜血液。这方面一个很好的例子，是供应链管理专业协会针对在校生推出的注册供应链管理师培训认证。它力求让学生在走上工作岗位前，充分了解实际的供应链管理流程，从而能够承担起供应链管理各方面的实战工作。

在此呼吁更多的国际专业组织加入这一行列，更多地走进中国，走进中国校园和中国企业，也希望更多的中国本土专业组织，能够依托中国经验，开拓国际视野，加强经验总结、知识体系建设与协作交流，为中国供应链人才的加速成长、为中国企业供应链创新的稳步推进做出更加积极的贡献。

新质供应链：通过供应链整合创新提升产业竞争力

现代供应链和供应链管理的价值并不仅仅局限于企业这个层

面，也当仁不让地进入了国家经济发展决策和整体国家战略的关注视野，并逐步发展为重塑世界格局的重要力量。谁抓住了供应链，谁就走上了发展的快车道，谁就能更好地掌握面向未来的发展脉搏，可谓得供应链者得天下。

站在发展新质生产力、推进高质量发展的重要历史关口，如何培育和发展新质供应链，从强化供应链端到端整合、实现"同样的产品比别人做得好"的第一步，逐渐向"提供别人无法提供的产品和服务，以及以更加绿色的方式提供产品和服务"的第二步推进（见图9-1），实现产品的创新化、服务化、低碳化，结合延链、补链、强链和供应链韧性的全面升级，以供应链整合创新带动中国产业竞争力再上新台阶，是事关发展全局的重大问题。供应链的力量理应也必须成为推动中华民族伟大复兴的一股磅礴伟力。

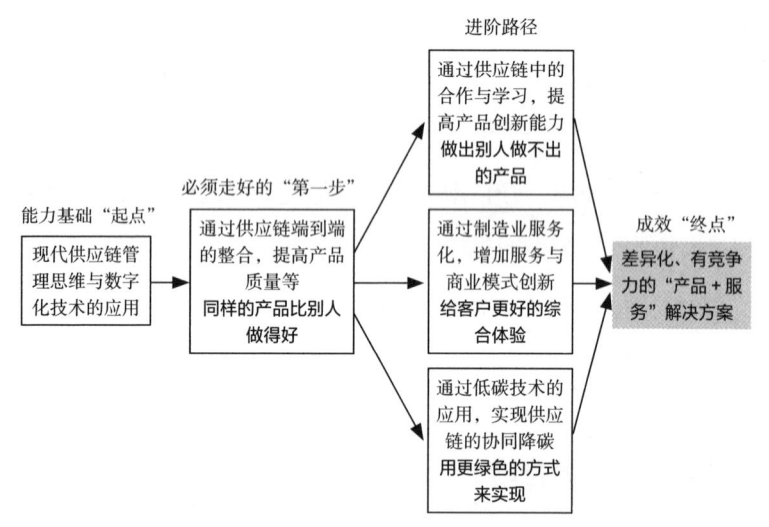

图9-1 新质供应链的实现路径：从实践中归纳的框架

得供应链者得天下

从宏观角度看，供应链体系是通过产业链上下游企业之间、国内外企业之间的专业化合作和协同形成的全新经济形态。它具有跨行业、跨领域、跨地区、跨国界的特征，能够满足市场需求、创造多元价值、推动经济增长。

供应链的形成和发展，不仅深刻改变着市场竞争格局，让各个企业之间的竞争变成供应链之间的竞争，乃至不同地区、不同国家之间的供应链实力竞争，更能有力推动专业化分工的深化，促进行业结构和产业结构不断调整升级。这种情况下，供应链已经变成了影响经济运行质量和效率的一个关键因素，甚至影响国家竞争与世界格局。

全球战略家帕拉格·康纳（Parag Khanna）在其著作《超级版图》中，对供应链做出了如下描述：

> 随着全球化在世界各个角落的推进，供应链所涉范围变得更宽，程度在不断加深，连接力越来越强。现在人们不得不追问，相比国家本身，供应链是不是代表着一种更深层次的组织力量。供应链是原始的全球网络，如同裹毛线球般将世界包裹在一起。它是连接全世界的管线，是人和物移动的通道。还具有自组合和有机连接的功能。供应链会随着人类活动扩展收缩。供应链可以被打断一时，但很快就会找到新的途径来完成其使命。供应链似乎本身就具有生命力。

全球互联互通不断深入，商品、资本、技术及人才供应链正在重构世界版图。交通路线、物流网络、货运港口、金融体系以及互联网平台成为国家实力的传递和施展路径；高效整合的全球供需匹配体系，先进的IT支持系统，敏捷的资金流、信息流、货流组织能力，成了国际舞台政治话语权的重要基础。传统的地理疆界正在消失，无论哪个国家，都无法在这场没有硝烟的供应链角力之战中独善其身。

中国改革开放特别是加入WTO以来，在经济发展上取得的核心成就之一，就是逐步建立了具备相当竞争力的供应链体系，并深度融入了全球供应链网络。这也是中国应当坚持和发扬的发展之道。当今世界诸多万众瞩目的重大议题，其背后其实都有供应链问题的身影闪现。例如，中国的制造业迁移和美国的制造业回流，其背后的核心焦点是供应链体系的适应与重构。中美两国不同力量之间关于"脱钩"与"反脱钩"的复杂斗争，背后是供应链网络的整体布局。美国对华贸易战的重大行动，从降税吸引制造业回流到提高关税壁垒，再到制裁华为、中兴等中国企业，无不是直接作用于供应链。华为等受制裁企业困境求生的努力，背后则是供应链安全的重塑。总体来看，大国之间复杂的竞争与合作，将越来越多地围绕供应链体系而展开。

放眼全球，供应链体系已在一定程度上代替了传统意义上的民族国家，成为全球化文明的新基石。未来世界的格局与面貌，将有赖于全球供应链的布局与发展。

因此，供应链管理能力已不只是商学院MBA课程的核心内容，不只是猎头青睐的人才核心能力，也不只是企业基业长青的必要条件，它已经成为经济社会高质高效运行的关键、国家发展腾飞的根基。

中国供应链创新的挑战与机遇

改革开放以来，中国企业凭借低廉的劳动力和巨大的市场优势，逐渐嵌入全球供应链，奠定了全球"世界工厂"的地位。但是，众多中国企业在全球供应链和产业链中，仍处于价值链的低增值环节或外围部分，主要特征为以高资源投入和高能源消耗换得高产出，产业层次总体偏低，产品附加值不高，创新能力不足，整体竞争力不强，环境污染问题突出。

就中国的供应链创新而言，目前还存在如下挑战：

第一，在认识上，绝大多数企业长期处在全球产业链的低端增值环节，对供应链的认识还远远没有从简单的采购、物流、分销层面，拓展到统揽供应链全局的层面。

第二，在很多企业内部，采购、生产、销售等环节长期处于割裂状态，没有实现足够的职能交叉融合，与现代供应链透明、敏捷、整合的特征相差甚远。

第三，在行业层面，由于专业的供应链管理服务企业或制造型企业的供应链部门长期缺失，尤其是 2019 年以前，我国未将供应链管理列为专门行业分类，这使得供应链管理业长期依附于现代物流业，行业功能单一，增值服务薄弱，缺乏统一标准，存在"信息孤岛"现象。

第四，在国家层面，供应链发展不均衡不充分，不同地域、不同产业、不同企业之间分化严重。"现代供应链之父",需求链理念、牛鞭效应及3A供应链理论的首创者李效良教授,曾对国内供应链发展的两极化现象发出感叹:"一部分企业非常先进,如京东、华为、海尔等,具备高度系统整合的供应链,也引进很多高科技,甚至供应链部分成功的地方比欧美供应链更好。但同时,大部分中国企业还十分缺乏供应链的知识,对于供应链是什么并不了解,没有概念,这些企业亟须提升和改善。"

第五,在人才层面,由于我国供应链管理刚刚起步,加之供应链管理具有跨部门、跨行业、复合型特征,因此具备专业素质和能力的专业人才比较匮乏。

尽管面临以上挑战,但作为世界第二大经济体,中国在供应链创新方面仍然具有很多有利条件。除了制度环境、市场容量、人才总量、基础设施等方面的优势之外,中国面临的机遇主要体现在如下方面:

政策方面,中国经济已由高速增长阶段转向高质量发展阶段,其关键在于通过供给侧改革降低成本,优化经济运行。供应链创新与供应链服务将在这个过程中发挥巨大作用,这是落实新发展理念的重要举措,也是供给侧改革的重要抓手。中国要参与全球治理,培育全球竞争力,一个重要的支撑就是供应链宏观体系的构建。在此背景下,近年来,党和国家密集出台了关于供应链发展的倡导与支持政策,为供应链创新指明了方向。

实践方面,近年来,不少企业先知先觉,在供应链领域精耕细作,积累了丰富的实践经验。例如,在高能耗的煤炭行业,出现了煤炭供应链管理平台东煤交易,其为作为买卖双方的中小企业提供了一个优化整合、降本提效的供应链综合赋能平台；以高效物流蜚声业界的京东，在快速响应、按需驱动供应链变革、供应链效率提升等方面积累了丰富的经验，并开始将供应链经验、技术和数据开放出来，赋能外部企业。

除此之外，还有红领集团、韩都衣舍、尚品宅配、怡亚通、冯氏集团、小米等各行各业的供应链管理翘楚，它们不仅通过供应链创新降低了生产成本、缩短了提前期、加快了反应速度，还凭借供应链能力服务所在行业，既实现了自身商业模式的转型升级，也推动了行业的高效发展。

这些勇敢的供应链管理先行者，提供了可圈可点的实战案例与最佳实践，是中国供应链创新发展的宝贵财富。

在这样的背景下，本书致力于为企业掌舵者、管理者、研究者，以及所有有志于了解现代供应链管理的有识之士，提供一份系统性强、与实践联系紧密、兼具理性之美与实战之用的供应链创新发展指南。本书尤其可以帮助企业管理者开拓供应链管理视野，洞察供应链相关新技术与新模式发展趋势，审视各类潜在的腾飞机会与管理陷阱，对标典型企业供应链创新最佳实践，从而掌握供应链管理经典理论与最新方法，以使企业在这"颠覆性时代"找准定位，突破变局，走上基业长青之道。